アドラーが教える
こころのクセのリセット術

困ったときは、トイレにかけこめ！

星一郎
ICHIRO HOSHI

晶文社

イラストレーション
はるな檸檬
ブックデザイン
アルビレオ

CONTENTS

第2章 心を変えるには、行動を変える！

「心のクセ」のリセット術

第3章　「小さな不安」から自分を守るためのヒント

第1章

いやな感情を生むのは、あなたの「心のクセ」

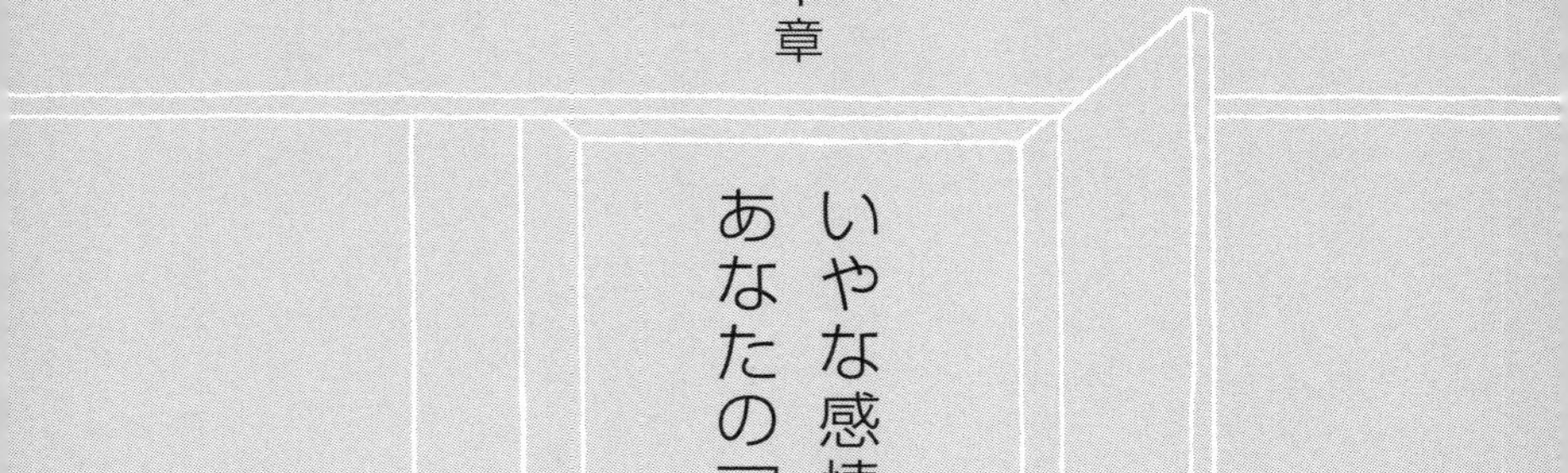

1 幸せか不幸せかを決めているのはあなた

誰もが持っている「心のクセ」

あなたが、新年度の人事異動で今まで何年も取り組んできたプロジェクトから外されて、これまでの仕事をいかすことができない部署に異動になったとします。さて、あなたならどうしますか？

A子さんは、

「今までコツコツ積み重ねてきたことが、ようやく結果として見えてきたのに。会社は、私のこれまでの仕事を正しく評価してくれなかったのね！」

と怒りや不満をぶちまけました。そして、そんな気持ちのままで異動した新しい部署でも、やる気がおこらず、悶々とした毎日を送るようになってしまいました。

いっぽうB子さんは、突然の配置替えに驚きはしましたが、

「会社の決定なのだから仕方がない。新しい部署で一から始めよう。そうすれば、新たなキャリアを積むいい経験にもなる」

と前向きに考えることにしました。そして、職場の雰囲気にも仕事にも早く慣れるようにと、毎日、頑張っています。

もしかしたら、あなたはA子さんともB子さんとも違うとらえ方をして、「もうすこし、この仕事で頑張らせてください」と、勇気を出して上司に掛け合うかもしれませんね。

このように、あるひとつの局面に遭遇したときに、ひとはそれぞれ違う受け止め方をして行動します。

アドラー心理学では、こうした〝ものごとのとらえ方〟を【**認知論**】といい、「**現実とは、すべて客観的事実に対するその人の主観的な体験でしかない**」という考え方をします。

人事異動という現実を、A子さんは、「私は仕事から外された」という先入観を通して悲観的に認識しました。いっぽうB子さんは、「新しい職場環境に出合えるチャンス」という先入観を持つことで、この現実を〝前向き〟に認識しているのです。

このように、自分の経験から得た先入観を通して見ている現実は、ひとりひとりそれぞれ違うはずです。その解釈も、主観的なものでしかありません。アドラー心理学では、このような個人特有のものの見方、とらえ方のクセやそのパターンを「認知バイアス」といいますが、本書では「**心のクセ**」という言葉であらわしています。

何か新しいことにチャレンジするとき、最初から「私はダメだ」と思い込んでしまう人もいますし、迷うことなく「こんなの簡単」と思いがちの人もいます。このとき、気をつけなければならないのは、その人たちがそう理解しているだけであって、あくまで〝自分の見方〟でしかないのです。それは客観的事実ではないということを、忘れてはなりません。

ですから、あなたが〝あなた自身のものの見方〟を変えれば、自分を変えることができるのです。あなたが今、「私は、どうしようもないほど不幸だ」と思っていても、別の見方にシフトしてみれば、たとえかすかでも光が見えて、前に進むことができるでしょう。

水が半分入ったコップを見て、「もう半分しかない」と思ってがっかりするより、「まだ半分ある」と思えるほうがハッピーな生き方です。**大切なのは、あなたが世界をどう見るかということ**。悲観しがちな見方を明るい方向にシフトして見ることができたとき、あなたも変わることができるのです。

それが、アドラー流の生き方です。

あなたの未来を決定するようなトラウマはない

人は、自分の考え方、感情、信念、そして「心のクセ」を反映して、自分の人生の目的や目標に向かって生きていきます。そのとき、人生の目的や目標に対して、それぞれが独自の行動パターンやスタイルを持って取り組みます。これをアドラー心理学では、**【ライフスタイル】**といいます。

雑誌などではよく「あなたのライフスタイル」というような使われ方をしているので、「ライフスタイル＝生活様式のこだわり」と思われがちですが、アドラー心理学ではもっと深い意味を持ち、「**その人が自分であろうとする根源的な信念**」として使います。

たとえ同じ目標を持っている人が何人いたとしても、同じライフスタイルはひとつとしてありません。どの人も自分なりのオリジナルなやり方を選択して、その目標に向かって頑張っているのです。すなわち、ライフスタイルとは、その人の考え方の基盤であるといってもいいでしょう。

フロイトやユングに代表される他のさまざまな心理学のなかには、「人の行動は無意識によって選ばれる」という考え方が多くあります。しかし、アドラー心理学では「行動はライフスタイルに沿って、つねに自分自身が選んでいる」という前提に立っています。過去に経験したことは、すべてひとつの事象にしかすぎません。ですから「失敗か成功か」あるいは「幸福か不幸か」を決めるのは、その人の認識の仕方次第なのです。

たとえば、頑固一徹の厳しい父親に育てられた兄弟がいます。

子どもの頃は悪いことをすると、兄弟どちらにも父親のゲンコツがとんできました。ところが、成人して父親の思い出を語りあってみると、兄は「親父の教育は手荒だったけど、愛情があったな」と懐かしむいっぽう、弟は「あんなのただの暴力だよ。親父に殺されるかと思った」と血相を変えて強く反発しました。

このように同じ環境で育った兄弟でも、父親の態度をどうとらえるかは、〝その人の選択〟によるのです。

トラウマと呼ばれるようなショッキングな体験をしても、その事実がその後の人生に与える意味は、その人が自分で選択して、自分の目的に合わせた体験を使います。それが、その人のライフスタイルなのです。

「父親から暴力を受けた」と親を恨み、ついつい自分の子どもに手をあげてしまうのを幼児体験のせいにする人もいれば、「決して、自分の子どもに同じような思いはさせない」と、自らの力で愛情あふれる家庭を築く人もいます。あなたの生き方は、自分自身の過去によって決まるのではなく、過去から自分が選び取る結果によって決まります。

健全なライフスタイルを持つ人とは？

健全なライフスタイルを持っている人は、人生のどんな困難に遭遇しても解決する方法を見つけることができます。

自分が幸せになれる選択を導き出す力を持っているといえるでしょう。どんなときも「コップのなかには、まだ半分水が入っている」と思える人です。そして、このような健全なライフスタイルを持つ人は、自分の属する共同体のなかで、ほかの人たちと仲間としてお互いに助け合い、社会貢献して生きていくことを幸せと感じます。つまり「健全なライフスタイルを持つ人とは、共同体感覚を持って社会に適応できる人」といいかえることができます。この共同体感覚は、アドラー心理学では重要な概念なので、次節でより詳しくお話ししたいと思います。

しかし、なかには困難に立ち向かえず「どうしよう」と頭を抱えてしまったり、他人との衝突をくり返して破滅への道に向かう人もいます。このようにうまく社会適応ができずに自ら苦しみを選択しがちな人は、ライフスタイルに何らかの問題を抱えていることが多いのです。それは、親子や恋人、夫婦間の愛情、友だちとの関係、仕事のうちのいずれか、あるいはすべてにつまずいているのかもしれません。

しかし、**あなたは自分のライフスタイルをいつでも変えることができます**。あなたの人生のテーマは、過去に左右されずに〝未来をどう選択していくか〟なのですから、失敗をくり返さないライフスタイルに変えていけばいいのです。

では、どのように変えればいいのでしょうか。ライフスタイルについて、もうすこし詳しくお話ししましょう。

ライフスタイル形成に影響を与える三つの環境

アドラーは「ライフスタイルは、誕生直後から六歳くらいまでの生育環境や心身状態に影響を受けて形成される」と考えました。人は、幼い頃に体験した自分と外の世界との関わり方で「ものごとへのアプローチの仕方」を学び、それがその人のライフスタイルとなるのです。

これらの幼少期の経験が、その後の人生の行動パターンを左右します。ライフスタイルの形成に影響をもたらす状況は、大きく分けて三つあります。

一つめは、生まれつき大きな病気を抱えていたり、視力や聴力を失っているなど、先天的な身体のハンディキャップを持つ人が、それに影響を受けることです。先天的な障害や機能が十分に発達していない器官があることをアドラー心理学では「器官劣等性」といいます。しかし、周囲のサポートや環境によって、この「器官劣等性」をうまく克服すると、その人は並外れた能力やパワーを持つようになります。

ヘレン・ケラーやベートーヴェンのように、「器官劣等性」を克服して、成功へ導く行動パターンを培った人は非常に有能で、世の中に貢献することも多々あります。

しかし、ハンディキャップを持っている自分をネガティブに評価するようになると、その後の人生の取り組みに支障をきたすこともあります。「自分はほかの人と違う」「自分はほかの人のようにできない」と思い込んでしまい、自分を価値のない存在だと感じて孤独感や自己否定に陥り、社会に適応できなくなります。

ですから、子どもの持つ「器官劣等性」は、周囲のおとなたちがどのような対応をするかで大きく変わるのです。

二つめは、子ども時代に甘やかされて育ったかどうかです。望む物を何でも与えられ、自分の要望が何でも受け入れられる環境に育った子どもは、「自分の望みはすべてかなうのが当然」と感じるようになります。そして、関心の中心が自分になり、根拠なく自分を特別な存在だと思い込んでしまいます。その場合、成長の過程でも、他人と協力してものごとを成し遂げる充実感や、他人のために役立つ喜びを学ぶことが少なくなります。周囲の人間が手助けしてくれるのが当然という環境のなかでは、自分で解決しようとする自立心が育たない場合もあります。

こうしたライフスタイルを備えたおとなになると、共同体のなかでも奉仕しようとは思わず、ただ自分の欲求を満足させることだけを望むようになります。このような態度では、当然ながら共同体の仲間からは受け入れてもらえません。すると、共同体全体を自分の敵だと見なすようになります。どこにいても被害者意識を強く感じたり、暴力的な態度をとったり、逆に弱さを過剰に見せて、自分の欲求を通そうとすることもあります。このタイプの人が成功するには、そのライフスタイルを変えないかぎりとても難しいことです。

三つめは、子ども時代に親から無視された経験です。人は、赤ちゃんから幼児の時代に親から無条件に愛されることが、何にも代え難い体験となります。これによって、共同体が自分に好意的な世界であること、そして他者を信頼してともに生きていく喜びを知るのです。この乳幼児期の経験は、共同体感覚を身につけた健全なライフスタイルを持つためにはとても大切なことだといえます。

しかし、親に無視されつづけた経験のある子どもは、成長しても、他人や共同体は自分にとって冷ややかな存在だと考えます。困難にぶつかったときも、これまで援助してもらった経験がないために「どうせ誰も助けてくれない」と思い込みます。そして自分からは他人へ好意を持ちにくくなり、社会や他者への関心が非常に希薄になります。このように周囲の人間と信頼関係を結ぶことを学ばずにおとなになると、誰ともなじめずに社会から孤立し、とても生きづらい人生を送るようになることがしばしばあります。

もちろん、親から無視されたとしても、祖父母や教師などほかに信頼関係を結べる存在があって、その人たちと温かい交流を持って育つことができれば、健全なライフスタイルを持つ人になるでしょう。

以上、ライフスタイルの形成についてお話ししてきました。もしあなたが自分の幼少期の経験のなかにこの三点のいずれかがあったとしても、それをプラスの目的に使うことで、あなたのライフスタイルは変わります。

「心のクセ」はマイナスにもプラスにもなる

今までお話ししてきたように、私たちは自分の都合で世の中のさまざまなことを解釈しています。そして、解釈したことに基づいて行動したり、判断したりします。その結果、楽しい日々を過ごしたり、つらい毎日を送るのです。でも、自分の「心のクセ」に気がつけば、ネガティブになりがちなとらえ方をポジティブに変えることもできます。あなた次第で「心のクセ」はマイナスにもプラスにもなるのです。あなたが変えたいと思えば〝なりたい自分〟に変わることもできるのです。

しかし、ここでいう「変える」とは、「頭＝認知」のレベルではなく、**行動のレベルで変える**ということです。

たとえば、つらい失恋をして毎日どうしたらいいかと悩んでいるとき、この状態から抜け出すためには「まず、何を変えたらいいか」を考えてみます。人生経験のある先輩に相談をして、一緒に考えてもらうという方法もあるでしょう。その先輩は、悲しい失恋を次の恋愛に生かした自分の経験を話してくれるかもしれません。

そして、恋愛の失敗から立ち直るために「自分ができること」を考えてみます。メールをすべて「削除」したり、もらったプレゼントを思い切りよく「捨てる」こともひとつの方法です。具体的な行動に移すことで、いつしか失恋した悲しみが消えて、あなたも明るく前向きな気持ちで歩き出せるはずです。

知っておきたいアドラー心理学① 【認知論】

アドラー心理学では、人間の「知覚」は、あくまでも個人の主観によるものと考えます。

同じ境遇におかれたとしても、それを「ピンチ」と思うか「チャンス」と思うかは人によってさまざまです。たとえば、会社の新しいプロジェクトでリーダーを任された場合も、責任のある立場を初めて任されたことにわくわくする人もいれば、荷が重いので早く終わらせたいと感じる人もいるでしょう。

私たちはすべての物事を自分なりの解釈でとらえており、周りの人たちと同じ現実を生きているように思えても、それはその人だけの現実でしかないのです。

この考え方を認知論といいます。

ですから、もしあなたが誰かのことを理解したいと思うなら、その人がある現実をどう受け止めているかを予測する必要があります。相手がどのような先入観を持っているかを考え、その人と同じ見方、感じ方ができるように共感する必要があるでしょう。

このような他者の理解のしかたをアドラー心理学では推量といいます。推量によって初めて、相手の言動の目的や背景を理解することができるのです。

知っておきたいアドラー心理学② 【ライフスタイル】

アドラー心理学では、人生の目的や目標に向かう、人それぞれの固有のパターンのことをライフスタイルといいます。

一般的には、生活様式のこだわりや生活の営み方をさして使われますが、アドラー心理学ではもっと深い意味をもち、その人の考え方や感情、信念、心のクセなどが反映された、「その人の人柄すべて」の意味として使います。

たとえば、同じ目標を掲げている人同士でも、その人のライフスタイルによってアプローチのしかたはそれぞれ変わってきます。

人の心理や行動を解明していくためには、まずはその人のライフスタイルを知ることが大切であり、ライフスタイルの分析によって、ある人が未来においてどんな行動をとるのかを予測することもできます。

2 人の可能性を拓くのは未来です

あなたは未来の目的に向かって、今やることを選んで行動している

何事も真面目に取り組むA子さんは、仕事に忙殺される毎日を送っていますが、なんとか頑張って働いていました。ところが、そんな日々が数か月続いた後、ベッドに入ってもなかなか眠れずに朝を迎えるようになってしまいました。

そのうちに全身の倦怠感や激しいめまいにおそわれるようになり、思いきって病院へ行ったところ、医師からは「初期のうつ病」と診断され、しばらく休職することになりました。

このとき、多くの心理学では「職場の対人関係に問題があったのではないか」とか「ノルマ達成のために残業が多すぎたのではないか」と、A子さんの過去に**原因**があり、その**結果**うつ症状が出ていると考えます。このような「人の行動はすべて何らかの原因に

よって決まる」という考えに基づくとらえ方を、心理学では「原因論」といいます。

しかし、アドラー心理学では、「**人の行動は、その人がどうなりたいかという目的に基づいてあらわれている**」と考えます。これを【**目的論**】といい、ほかの心理学とは大きく違っているポイントです。

「A子さんは、何が目的でうつ症状になったのか」というとらえ方をすると、「疲れた心身を休めたくて、職場に行かなくてもよくなる症状を発症した」とか「仕事に関する環境から遠ざかりたかった」など、発症することで達成できるA子さんの目的とは何かを考えることができます。そして、そこから具体的な解決策を探っていくのです。

A子さんは働きたくなくて、体調を崩してしまったのかもしれません。

頑張り屋のA子さんは、これまで「働きたくない自分＝不真面目な怠け者」が自分のなかにいるとは考えたこともありませんでした。しかし、行動にあらわれている本当の目的は、自分自身でも気がついていないこともあります。もし、A子さんがぼんやりとでも、今の仕事ではない別の方面に興味を抱いているのなら、思いきって新しいことを始めるのもよいでしょう。そうすれば、新たな未来が拓けてくるはずです。

人の行動のすべてが、育った環境、幼児や思春期の経験など、過去を原因として起こると考えると、人は過去のみに支配されて生きていることになってしまいます。そうすると、人は変わることができません。

しかし、人の行動は過去ではなく、未来への目的によって決まるとするならば、その人はいくらでも変わることができます。

つまり、あなたが正しく、よりよい方向に向かって進もうとするためには、有用な目的を設定することが重要であり、あなたの過去にとらわれる必要はないのです。この「目的論」の考え方により、アドラー心理学は「勇気づけの心理学」と呼ばれるのです。

「なぜ?」ではなく「どうしたら?」

アドラー心理学では、過去や原因を重視して「なぜ?」と考えるのではなく、その人の未来に向かって「**どうしたら?**」の目的を重視します。過去を遡ったり、原因を探るのはひとまずおいて、これからどうしていくかを考えるのです。

三〇歳を目前にしたB子さんは、これまで何人かの男性と付き合ったことはあるのですが、どの人も心から信頼できる相手とは思えずに、自分のほうから別れてしまうのでした。ある男性からは「きみはどこかガードが堅くて、自然体でないような気がするよ」と言われたことがありました。その言葉に驚いてよく考えてみると、子どもの頃、両親の仲が悪くて、何度か父親が母親を殴るのを目撃したことがありました。「暴力的な父親の姿がトラウマになって、男性を信頼できずに恋が長続きしないのかも」と、B子さんの悩みが続いています。

しかし、実際はどうなのでしょうか？

自然体で男性と付き合うことのできないB子さんの背景は複合的であり、B子さん本人も「こうだから」と明確にいうことはできないでしょう。ひとつの原因に絞ることは難しいですし、たとえ絞ったとしても、それが絶対に正しいというわけでもありません。

あなたがある事態に直面して悩んだとき、それが「なぜ起こったのだろう？」と過去に原因を求めるのではなく、「どうしたらいいだろう？」という目的設定をして、それに向かって行動を変えていくほうが、より有効な解決方法となります。

イライラする感情を手放す方法

あなたは、毎日の暮らしのなかで、どのようなときにイライラするでしょうか。

仕事が遅くて、説明も要領を得ないような同僚と働いているときや、家族が自分の気持ちを分かってくれないときなど、イライラする原因は私たちのまわりにいろいろとあるものです。

とかく不快なイライラ気分を、あなたはどのように解消していますか。職場など、自分の感情を表に出しにくい場面でイラッとしてしまったときには、いったん席を外してトイレに行き気分を静めるという人も多いでしょう。相手が目の前にいるかぎりイライラは取れないので、相手からすこし離れてその場から自分を消すことは有効な方法です。

このような対処法を知っておくのは大事なことです。でも、一度イラついてしまった心はなかなか収まるものではなく、不快感も後を引きがちです。その後の時間を気持ちよく過ごすためには、不快な感情を手放してしまうことが大切です。

イライラをはじめとする不快な感情から抜け出すうえでも、アドラー心理学はとても役に立ちます。アドラー心理学は感情について独特の見方をしていて、**「感情には目的がある」**ととらえるのです。

自分では気づきにくい「感情の目的」とは？

感情は、自分で意図的に作るものではありません。むしろ衝動的に生じるものですから、「目的」があるといわれても、ピンとこないかもしれません。

感情の目的は、相手にこちらのメッセージを伝え、相手の行動に影響を与えること。典型的なのは「怒り」です。怒りをあらわにするとき、人は、単に目の前の状況に腹を立てているだけではなく、しばしば怒りを通じて相手を支配し、強制的に自分に従わせようとしています。カッカと怒っている本人は気づいていないことが多いのですが、怒りにはそういう性質があるのです。

イライラは、怒りをグッと抑えた状態ですから、その感情の目的も怒りと共通していると考えられます。「私はイライラしている」と態度で示すことで、相手に圧力をかけ、相手の行動を変えようとしているのです。

では、逆に落ち込んだり、ウツウツする感情はどうでしょう。こういうときのあなたは「ああ、私ったら」と、ひたすら自分を責めているように感じるかもしれませんが、こういった感情は周囲の人たちの同情や配慮を引き出すことにつながります。やはり相手を動かそうとする目的があるのです。

ただ、すこし考えてみましょう。「相手の行動を変える」というのが目的ならば、不快な感情をぶつけるのは幼稚で実効性が低い方法だと思いませんか。冒頭のケースでいうなら、要領を得ない同僚にイライラをぶつけても、その同僚がいきなりテキパキと仕事をこなすはずはありません。それだったら、段取りを丁寧に説明するとか、分かりやすいマニュアルを準備するとか、もっといいやり方があるはずです。

「**そうか、私はこれを伝えたいんだ**」と自分の感情の目的に気がついたとき、私たちは意識的に冷静さを取り戻し、不快な感情を手放すことができるのです。

まずは、自分が抱きやすい感情の「目的」を探ってみましょう。あなたが不快感を抱いたとき、「自分がイライラする（あるいは怒る、落ち込む、不安になるなど）ことで、周囲にいる誰に、どんな影響があるだろう？」と自問してみるのです。

もし、イライラするあなたを見て顔を引きつらせる誰かの姿が浮かんでくれば、あなたはおそらくその人の行動を変えてほしいに違いありません。先ほど「感情の目的は、自分では気づきにくい」といいましたが、答えはやはり、自分の心のなかにあるのです。

感情の目的に気づいたら、その感情を爆発させるのではなく、目的を達成するためのより効果的な方法を考えましょう。冷静に考えてみれば、適切な方法が浮かぶはずです。

「〜すべき」思考がネガティブ感情の土壌

イライラやウツウツなどのネガティブな感情を抱きやすい人は、ものの考え方が「完璧主義」であることが多いようです。「こうあるべきだ」という思いがとても強く、それを自分や相手に強いているのです。逆にいうと、そこをすこし緩めるだけで、心にわいてくる感情はずいぶん変わります。

次に、不快な感情を作りやすい自分のなかにある考え方のクセを見つけましょう。イライラの背後には、「これぐらい当然」とか「こうするべきだ」といった思考パターンがあるはずです。それを探して、「これぐらい当然」を「**この程度でもいいかな**」に、「こうするべきだ」を「**こういうのもアリかも**」と、あえて緩やかな表現で言い換えてみるのです。

この言い換えを練習して身に付けると、「感情は、ものの考え方次第でずいぶん変わる」ということが、実感として分かってきます。つまり、ハッピーな心でいられるかどうかは、結局、自分自身で決めることができるのです。

不機嫌の原因を探してもハッピーにはなれない

格差社会、過労死、いじめ、未曾有の自然災害……と、最近のテレビや新聞、ネットでは、心が暗くなる話題ばかりです。職場などまわりの環境に、寒々しい空気を感じている人もいるでしょう。

本来、人間にとって普遍的な価値である「幸せ」が足りないと、心はなんとなく不機嫌になります。ワクワクやウキウキが感じられず、ムスッとした顔になってしまいます。街を見渡せば、そんな顔をした人がたくさん目に止まります。もしかしたらあなたも、はた目にはそう見えているかもしれません。

そんな「不機嫌な時代」を「ハッピーな心」で過ごすためには、「**原因を追究しないこ**

と」というアドラー心理学の大切な考え方があります。

あなたは、なんとなく不機嫌で疲れた気分になっていて、体もだるいし、やる気が出ません。その原因を考えてみると、仕事の忙しさや家族の無理解、職場の人間関係など、思い当たることがいろいろあります。

原因の分析としては、これらは的を射ているかもしれませんが、不機嫌の原因を正しく分析できたとして、それでハッピーになれるかといえば、答えは「ノー」です。なぜなら心の問題を分析すると、ほぼ間違いなく「悪いのはあの人だ」という犯人探しに陥るからです。そうやって他人を責めても、心が晴れることはありません。むしろもっと不機嫌になるばかりです。

これはあなたに限ったことではなく、ニュースで目にするクレーマー問題、ちょっとしたことで炎上するブログやツイッター、自己責任論……今は社会全体が、他人を責める空気に満ちています。そんな不機嫌な世の中にいると、私たちも「あの人のせいだ」という思考に陥りやすくなるのです。でも、「それではハッピーになれない」と、アドラー心理学は教えています。

まずはその「困ったコト」「悩んでいるコト」から「心」を離す

では、どうすれば ハッピーな心で過ごすことができるのでしょうか。アドラー流の解決策は、**今できることから「行動する」**こと。

アドラー心理学では、あらゆる心の問題は人間関係に起因すると考えます。まずは、自分が不機嫌になりがちな状況での「コミュニケーション」に目を向けてみましょう。

あなたは、自分の不機嫌な心を解決しようとするなかで、無意識のうちに周囲に非難やイライラを含んだメッセージを伝えていませんか。そんなときこそ、「ヒト」と「コト」を分けて考えてみるのです。

不機嫌なのは「誰かのせい（＝ヒトの問題）」と考えるのではなく、不機嫌な気分にさせる「コト」の問題ととらえ、その「コト」を改善するために行動するのです。

仕事が忙しいと、暇そうな同僚に愚痴や不満を漏らしたくなるかもしれませんが、それを口に出しても誰もハッピーになりません。ならば、その同僚に「ここを手伝ってもらえないかしら」と、「コト」を改善する提案をするのです。

人に頼るのは、責任を放棄するようで嫌だと考える人もいるでしょう。でも、不機嫌な空気を放ちながら職場にいるくらいなら、明るく「手伝って」といわれるほうが、周囲の人たちも気持ちよく仕事が続けられるはずです。「ヒト」と「コト」をしっかり分離したコミュニケーションをとれば、周囲はあなたの声に耳を貸してくれるものです。

もし、あなたが「そんなに簡単に気持ちを切り替えられない」と思うのなら、ひとまずトイレへ行ってみましょう。散歩やストレッチをして、体を動かしてみるのもいいことです。これらはすべて「行動する」ことであり、そうやって心を切り替えてから、改めて周囲の人たちに声をかければいいのです。

知っておきたいアドラー心理学③【目的論】

ある人がとった行動の理由を説明しようとするとき、多くの心理学では原因を考えます。たとえば、車やバスに怖くて乗れなくなってしまった人について、「昨年交通事故にあったから、乗れなくなってしまった」などと過去に何らかの原因があって、結果として車に乗ることができないというふうに考えます（原因論）。

これに対してアドラー心理学では、何が目的でその症状が出たのかというふうに考えます。「あまり車に乗るのが好きではないから、乗らなくてもいい症状を発症した」とか「車に乗らなくても済むよう不安を感じるようになった」など、「発症によって達成できる目的が何」ということから、その人を理解しようとするのです（目的論）。

なぜアドラー心理学は目的論で考えるのでしょうか？　それは目的論のほうが具体的な解決策が導きやすいからです。

あなたがふたたび車に乗りたいと思っている場合、乗れない理由が「過去の交通事故」にあるとすると、どうやって解決したら良いでしょうか？

過去の出来事は変えることができないので、どうしようもありません。

目的論だと、乗れない理由を「車に乗るのが怖くて乗りたくないから」というふうにとらえます。

そうであれば、怖さを克服するためにどうすればよいか考えることはできますし、「怖くても頑張って乗ってみる」という気持ちづくりをしてみることもできます。

3 「人間関係に悩む心」をほぐす考え方

私たちはそれぞれ、家族、学校、会社という集団のなかで、お互いに関わり合いながら生きています。ですから、自分のまわりにいる人たちとの付き合い方は、自分の心にも強い影響を与えています。アドラー心理学では、「人のあらゆる行動は、そのとき発生している対人間の課題や問題を解決するために行われている」と考えます。このようなとらえ方を、**【対人関係論】**といいます。

私たちが経験する対人関係には、「師匠と弟子の関係」「教師と生徒の関係」「友だちの関係」の三つのパターンがあります。

「師匠と弟子の関係」とは、絶対的な権力を持つ師匠に対して、弟子は人格や考え方すべてにおいて服従（付き従う）する関係です。

「教師と生徒の関係」とは、生徒は知識などについて部分的に上の立場にある教師に教えを受けますが、考え方や人格までは支配されないという関係です。

「友だちの関係」とは、今挙げた二つのパターンのような縦の関係ではなく、上下のない横に広がる友好的な関係です。

アドラー心理学では、このうち「友だちの関係」を望ましいものと考えます。それは学校における教師と生徒、職場での上司と部下、そして家庭のなかの親子の関係においても、対等な友人関係が好ましいのだということです。

人と関わる感覚が幸せの源です

対人関係を考えるなかで、アドラー心理学が最も大切にしているのは**【共同体感覚】**を作りあげることです。ここでいう「共同体感覚」とは、家族や学校、会社などに属しているという狭い意味ではなく、社会全体や国家、地球規模でとらえるより大きな人間同士の結びつきです。

「共同体感覚を作りあげる」ことは、決して難しいことではありません。あなたが、共同体のなかでともに生きるほかの人たちのために何ができるか、どんな役割を果たしているかを考えるのが重要なのです。そして、あなたの人生における課題は、あなたを取り巻く対人関係のなかにあります。こうした人生の課題を「ライフタスク」と呼びます。

私たちにはそれぞれの人生で、きちんと応えなくてはならないタスクが三つあります。第一に挙げられるのが「**愛のタスク**」です。これは「家族のタスク」「性のタスク」とも呼ばれ、夫婦や恋人など男女にまつわる関係や、親子や兄弟姉妹など家族の関係のなかにあり、生活の基盤ともいえる親密な単位の人間関係にかかわるタスクです。運命をともにする永続的な関係であり、最小単位の共同体ともいえます。ここではお互いに相手を思いやり、感謝し、幸せにしたいと思うような「共同体感覚」があれば、よりハッピーに生きることができます。

第二は「**交友のタスク**」で、「社会のタスク」「関係のタスク」とも呼ばれます。学校や職場、地域社会などでの人間関係におけるタスクです。誰もが、友人や仲間と協力してともに生き、幸せな生活を送ることを望んでいます。ここで正しく行動するためには、相手の気持ちを汲み、自分の意志をスムーズに伝えることのできるコミュニケーション能力も大切です。そして、このとき表面的なコミュニケーションを円滑にするのではなく、利害を越えた、心から信頼できる精神的なつながりを持つことが重要となります。

第三は「**仕事のタスク**」です。「仕事」というと、職場の対人関係を思い浮かべる人がいるかもしれません。しかし、この「仕事のタスク」とは、職業も含めた、生きていくうえでの生産活動と、どのように向き合っていくかということです。ここでの「仕事」とは対価として収入を得るかどうかだけではなく、社会のなかで自分が何をすべきか、そして実際にどう行動していくかを指します。

具体的にいうならば、働く姿勢、職業をどうとらえるか、家事、育児、ボランティア活動など、社会での自分の役割をどう考えるかというタスクです。

以上の三つのタスクは、人生における年齢によって、その重要性がそれぞれ異なります。アドラーは「人が周囲と円滑な関係を結び、幸せに生きていくためには、この共同体感覚を育成し、くり返し強化していくことが重要である」といっています。

ボランティア活動で交友の輪を

いまお話しした三つのタスクのうち、アドラー心理学では「交友のタスク」を一番大切に考えています。それは、人間は誰でもひとりぼっちではなく「ともに生きる友人」が必要だからです。

あなたは「えっ、私には魂が通じ合えるような友だちはいません」というかもしれませんが、果たして「魂が通じ合えるような友だち」がいる人は、どれくらいいるというのでしょうか。そういう友だちと出会えたという人は、それほど多くないと思います。

この「交友タスク」では、行動上の経験の共有ができたことがより大切であり、その共有した相手を友だちと考えます。ですから「なかなか、友だちができなくて」という人にはボランティアをすることをおすすめします。個人とつながるだけではなく、世の中に貢献した行動によってつながることで、友だちになれるのです。

東北、そして熊本や鳥取など、地震に見舞われた地域では復興ボランティアのみなさんが活躍しています。がれきの除去や清掃、被災者の生活支援など、ボランティアに参加して共通の課題にともに取り組むことによって、あなたが発見し、学ぶことはたくさんあるはずです。

いきなり復興ボランティアというのはハードルが高いかもしれません。そのときは、町内会の清掃行事でも、子ども会活動でも、なんでもかまいません。できそうかなと思えるものに参加してみてください。

都市化が急激に進み、近所づきあいがなくなりつつある昨今、他者から感謝される機会があまりなくなってきていますが、地域の方々から「ありがとう」といわれることで、社会貢献した実感を味わい、交友のタスクがもつ意味も納得できることと思います。

「人の目を気にする」のは、実は自己中心的

私はこれまで病院や学校などで、多くのかたがたの悩みを聞いてきました。その内容は

さまざまですが、そのほぼすべてに「親子」「夫婦」「友だち」「職場の上司や同僚」という人間関係の問題が関わっています。

このように人間関係に問題を抱える現代社会では、書籍やネット上で、人間関係をスムーズにする対人関係スキルの情報があふれています。そういったテクニックで悩みが軽くなればいいのですが、アドラー心理学の立場から見ると、多くのハウツー情報には、大切な視点が欠けています。それは、健全な人間関係は、「**自己肯定感**」があって初めて実現される、という視点です。

たとえば、人と話すのが苦手な人が、「コミュニケーション力を高める技術」を学ぶとしましょう。話題の選び方や言葉遣いを改善することで、滑らかに話せるようになればよいのですが、実際にはそうならない場合も多いのです。というのも「話すのが苦手」と悩む人はたいてい「人目を気にする意識」が非常に強く、相手が自分をどう見ているかが気になって仕方がありません。ですから、スムーズに話すことができないのです。

ずっと仕事を頑張ってきた人が、「最近どうも意欲がわかない」と悩んでいる場合はどうでしょうか。人間関係とはあまり関係なさそうに思えますが、話を聞いていくと、しばしば「こんなに頑張っているのに……」と口ごもるような言葉が出てきます。この「……」の背後には、「上司が評価してくれない」と人からの評価を気にしたり、「大事な仕事はあの人ばかり」と人と比較するような心理が隠れていることが、意外に多いものです。

誰でも人の目は気になります。

ですが、ちょっと気になるレベルを超えて、「自分の価値のよりどころ」まで人の目に依存してしまうと、ささいなことにも心が揺れて、自分を前向きに受け入れられなくなってしまいます。その根底にあるのが、「自己肯定感が低い」という問題です。

コミュニケーションツールが極度に発達した現代は、誰もがこんな「人の目依存」に陥りやすい時代といえます。そんな心理を抱えたまま対人関係のテクニックだけを学んでも、なかなか悩みは解決できません。

そこで、あなた自身の「人の目依存」について考えてみましょう。たとえば仕事をするとき、上司の意向や指示に注意を向けるのは当然ですが、ちょっとした言動まで気になって、その意図を深読みしてしまうようであれば、あなたは「人の目依存」に陥っているかもしれません。

人間関係を豊かにする自己肯定感の大切さ

自己肯定感とは、嫌なことがあったり失敗したりしたときに、「**大丈夫、何とかなる**」と自分を受け入れ、勇気づける感覚のことです。

こういう感覚が強い人は、人間関係でも、あまり悩みません。むしろ、周囲に対しても肯定的な雰囲気を広げるため、自然と健全な関係を結んでいることが多いのです。そして「健全な関係のなかにいるので、嫌なことが起こりにくい」という好循環が成り立ちます。ですから、人間関係に悩みがちな人は、関係改善のテクニックに走るより、自己肯定感を高めることがより大切です。

そこで、私がおすすめしたいのが散歩です。あなたのお気に入りの店が立ち並ぶエリアや公園などを、景色を楽しみながら歩いてみてください。

「どうして散歩?」と意外に思う人も多いでしょう。悩んでいるときは、その悩みにとらわれ、あれやこれやと妄想をふくらませて逃げられなくなっていることが多いのです。

まずは悩みから心を離すこと。具体的にいえば、何か行動をすることです。すると心も動きます。気持ちが晴れれば、それまで深刻に思えた悩みも、案外「なんとかなる」と思えるものです。単純なようですが、人の心はそうなっているのです。

気ままに散歩をした後に、あなたが抱えていた問題を振り返ってみてください。きっと、見え方が変わっているはずです。こうして自分を勇気づける心を育てていくことが、円滑な人間関係を築いていくために大切なのです。

関係性のなかでこそ人間は成長できる

アドラー心理学の根底には、「人間は、互いに関係し合って生きている」という世界観があります。この言葉を聞いて「そんなこと、当たり前だ」と思われた人もいるかもしれません。しかし突き詰めていくと、ここには一般的な常識を覆すような独特の視点が含まれています。

たとえば、「心を育てる」という言葉を聞いて、あなたはどのようなイメージを持つでしょうか。今、あなたが抱えている悩みを頑張って乗り越えるところをイメージしたり、あなたの内なる〝心〟を見つめ直してみる、ということをイメージされたかもしれません。

こうした思いのなかには無意識のうちに、「個の確立」という個人主義的な世界観が入り込んでいます。まず個々人が自我をしっかり育て、そのうえで成熟した個人同士が自己責任のもとに関わり合う。そのように社会は成り立っている、という世界観です。

アドラー心理学の見方は、まったく違います。

人は生まれたときから、持ちつ持たれつの関係にあり、その関係性のなかで成長します。アドラーは「関係性を取り払った〝個人〟というとらえ方は無意味である」とまでいい切っています。ですから、心を育てるには、自分ひとりではなく、ほかの人との関わりが肝心なのです。

すこし日常的な例に置き換えてみましょう。身近な人と「ありがとう」でつながる関係が心を育てるという話をすると、「いい人になろう」と考える人がいるかもしれません。それが、すでに個人主義的な考え方なのです。「いい人」という設定を自分で決め、それを目指した時点で、「人との関わり」から外れてひとりで成長しようとしているのです。

アドラー心理学では「いい人になる」ではなく、「いいコトをする」と考えます。いいコトとは、誰かが喜ぶような行動。他者への働きかけですから、そこには必ず関係性があります。いいことをして人から感謝され、いいことをしてくれた人に感謝する。そんな積み重ねが、ハッピーな心を育てるのです。

今の世の中は、個人主義的な世界観が浸透しています。そんな考え方が私たちの頭のなかにも深く入り込んでいるために、何かに悩んだとき、つい「しっかりしろ、自分!」などとひとりで問題を抱えてしまうのです。

それは違います。悩んだときほど、やるべきことは人との関わりのなかにあります。ときには失敗もするでしょう。それでも、**ハッピーな心を育てるには、人と関わり続けるしかない**のです。この点をぜひ忘れないでください。

現実的に成長するには小さな変化を積み重ねる

もっとも「いいコトをする」といっても、ハードルが高いことにいきなりチャレンジするのは無謀というものです。アドラー心理学の特徴のひとつは、どこまでも現実的なところです。夢のような理想は追い求めません。自分が確実にできる「いいコト」をする。これは、心を育てるうえでとても大事なことです。

成長とは、今と違う自分になること。ほんのすこしの変化でよいのです。低いハードルを設定し、ひとつずつ越えていく。「自分にはできることがある」という自信を重ねることで、やがて失敗や批判を恐れない自己肯定感の強い心が育ちます。

一足飛びに理想をかなえたいと願うのは、白馬の王子さまを夢見るのに似ています。どこかから降ってくるラッキーを待つのではなく、自分の足で着実に、ハッピーな心を育てましょう。それなら、今この瞬間からでもすぐに始められます。

知っておきたいアドラー心理学④【対人関係論】

人は誰しも社会の一員として存在しており、生きている限り他者との関わりを断つことはできません。

……………

どんな悩みも対人関係と切り離して考えることは不可能で、それはその人なりに「よりよい存在、状態になりたい」という対人関係の中で生じる目的達成のために生まれてきます。

そして、「人間のあらゆる行動は、今起こっている対人関係上の問題を解決するために行われる」とする、このような考え方を対人関係論といいます。ですからアドラー心理学では、対人面の問題を目的設定によって解決しようと考えます。

たとえば恋愛依存気味で悩んでいる人がいるとします。多くの心理学では、「幼少期に親からあまり愛されなかった」「親から見捨てられるかも知れないという不安が強かった」「なので成人後も相手から裏切られるかもしれないという不安感が強い」などと、過去に原因があると考えます。

こうして過去に原因を求めて改善をはかると、幼少期のコンプレックスの克服や家族との関係改善などを目指さなければならず、現在直面している問題の解決には長く時間がかかってしまうかもしれません。

しかし、アドラー心理学の対人関係論では、そのとき直面している問題の解決を目的に据えます。

過去のことはさておき、とにかく今の相手との関係をよくする対応を具体的に考え、関係をよくする方法を探ります。そうすれば、その人は過去のコンプレックスを無理して乗り越えなくても、現在の社会生活や人生が快適なものへと変えていくことができるのです。

知っておきたいアドラー心理学⑤ 【共同体感覚】

共同体感覚とは、「自分は家族や会社、国家、地球全体などの共同体のなかの一部分であり、そのなかで生きていると感じる」感覚のことです。

アドラーは、共同体感覚は生まれつき誰にでも備わっているものだといっています。それがどれくらいしっかりと育っているかによって、その人の共同体感覚の度合は変わってきます。

しっかり育っている人は、誰かの役に立ちたい、世の中に貢献したいと考えます。また友だちや同僚に関心を寄せ、自分の家族を大切に思う気持ちも自然と働きます。逆に、この感覚が未熟だと自己中心的な存在となり、他人と良好な関係がなかなか築けなくなります。

アドラーは、人が周囲と円滑な関係を結び、幸せに生きていくためには、この共同体感覚の成長が大切といっています。

4 悩みはあなたを成長させる

アドラー心理学は「人は心と体でひとつのまとまりであり、部分的に切り離してとらえることはできない」という考えのうえに成り立っています。ひとりの人間を理解しようとするとき、その人の体だけ、感情だけ、無意識だけなどと切り分けるのは不可能であるというのがその理由です。

フロイトは、意識と無意識があると想定して、その関係で人間の心をとらえようとしています。このように、人をさまざまな部分に分類してとらえる考え方を、心理学では「要素還元論」といいます。この考え方によると、人間は自分の意志とは違う行動を無意識的にとることにもなります。

アドラー心理学では、この意識と無意識については、人体の機能を頭部、胴体、手足などに切り離してとらえることができないのと同様に考えます。すなわち、意識的か無意識的かは、どちらにスポットを当てて見るかの問題であり、その人の一部であることに変わりはないのです。そして、体と心、理性と感情、意識と無意識が一体となって、その人が目的をかなえるための行動を選んでいるのです。

このように、人の全体をひとつの統合された単位としてとらえることを**【全体論】**といいます。

「やりたくない」もあなたの目的に向かって発した言葉

この全体論について、具体的に考えてみましょう。

T子さんの職場では決算期を迎えて、社内の雰囲気も慌ただしくなっています。どうしても処理しなければならない書類は山積みです。そのため残業が続いて、T子さんには疲れが出てきました。時計を見ると、午後八時。まだ仕事を続けている同僚が気になるT子さんは、こうつぶやきました。

「あともうすこし頑張りたいのに、体がきつくて頑張れない」

これを「要素還元論」の立場では、

「責任感のあるT子さんは、頑張ってなんとか仕事を片付けたいのだが、体が疲れていてどうしても続けられない。心と体に矛盾があり、T子さんは自分の気持ちに反して同僚のように残業ができないことに葛藤を抱えている」

と考えます。

しかしアドラー心理学の「全体論」では、

「T子さんは仕事を続けたくないから、頑張らないのだ」

と考えます。T子さんは本心では「仕事を終えて帰りたい」と思っているのですが、そう正直に認めるのは同僚の手前もあってうしろめたい。だから「頑張りたいけど、頑張れない」ことにしている、と判断するのです。

ここでT子さんが選択した目的は、無意識的には「仕事を終えて帰る」ということで、心も体もその目的に忠実に従っています。ですから、うしろめたくなる気持ちを切り替えて、「今日はここまでにして、帰ります」ときっぱり言って、帰宅することが大切なのです。家に帰ってゆっくりお風呂に浸かれば、心身ともに癒されて、明日の活力になることでしょう。

このように、心と行動には矛盾はなく、T子さんのとった行動こそがT子さんの本心であり目的なのです。

人は、自分の感情をさまざまな言葉であらわしますが、その人がしたいこと、すなわち目的は、行動としてあらわれたものがすべてであり、それは同じ方向を向いているのです。

なぜ、矛盾して見える行動をとるのか？

M子さんは、明日の来客に備えて、散らかった部屋をきちんと片付けなければなりません。「ケーキを焼こう」と材料もすでに買ってあるので、部屋を掃除することが先決です。なのに、片付けようと手にした雑誌をパラパラ見ているうちに、ある記事に目がとまって読みふけってしまいました。

「やらなくてはと焦れば焦るほど、ついつい違うことをしてしまう」

こんな経験は、誰にでもあるのではないでしょうか。ですから「人には矛盾や葛藤がないなんて、ありえない」と思う人も多いかもしれません。

さらに深刻な例を考えれば、「やめよう」と思ってもついつい買い物をしてしまう買い物依存症や、「不安やストレスを抱えたくない」と考えれば考えるほど、過呼吸の発作を起こしてしまうパニック障害などがあります。

ひとりの人間を構成する感情や身体機能が、すべて「人生にとって有意義な目的」のために働かない場合もあります。人生の有意義な目的を達成するために、心も体もすべてが正しい形で力を発揮すると、その人本来の素質や能力がいい状態で開花します。そして、さらにいい目的に向かって総体的に行動することで、よりよい状況へ自分を変えていくことができるのです。

しかし、目的の設定や能力の使い方、目的を達成する方法を間違えてしまうと、その行動が無意味な結果となってしまったり、ときには自滅的になったりします。これが、一見矛盾しているように見える行動となってあらわれます。このような矛盾して見える感情と行動の背景を解明し、一本の道筋を見つけだすのがアドラー心理学の理論です。

「やらなくてはならないことがあるのに、ついつい別のことをしてしまう」という人は、無意識的には**「楽しい別のことがしたい」**のです。こういうときは順番を変えて、まずは楽しいことを優先させてみましょう。すると、やらなくてはならないことも、気持ちよく片付けることができるはずです。

悩むことは、人間にとって必要です

私たちは、生きているかぎり何らかの悩みが付き物です。それを「悩むのは、よくないこと」と考えている人が多く、とにかく悩みを解決しようとします。ときには、解決できずに破滅的な行動に出る場合もありますが、悩みをすべて解決すればハッピーな人生になるかというと、そうでもないのです。

あなたが「ああ、どうしたらいいのかしら。解決する糸口さえ見えない」と深刻な悩みに直面したときは、おおいに悩んで、その解決策を探ってください。悩むことで真実を見つけ、上手に解決できたときに、あなたはまた成長しているのです。

Y子さんは、両親からのすすめで三歳のときにバイオリンのレッスンを始めました。厳しいながらも温かく導いてくれる先生に出会い、Y子さん本人もバイオリンを弾くことが楽しくて、小学生や中学生になるとコンクールでも見事な賞を取るようになりました。迷うことなく音楽大学に進学し、現在大学三年生になるY子さんが、深刻な顔をして、私にこんなことをいいました。

「今までバイオリン一筋に頑張ってきましたが、音楽大学ではまわりが才能のある優秀な人ばかり。自分の本当の実力を思い知らされました。自分の才能に見切りをつけて、演奏家としてやっていくより音楽の教師になろうかとも思うんです。でも、十年後に舞台の上に立っている自分に向かって、もっとバイオリンの腕を磨いていきたいという気持ちも捨てきれず、今の私は八方塞がりなんです」

アドラー心理学的なアプローチでは、Y子さんの抱えている「八方塞がり」という状況を、「具体的にどんなこと?」と聞いて、より詳しく語ってもらうことで具体的なコトを見つけていきます。Y子さんと私のやりとりは、次のようなものです。

「私の演奏に何かが足りなくて、先生から、どうしても合格点がもらえないんです」

「そうなんだ。でも、先生の判断ではなく、あなた自身はいつ頃から自信がもてなくなったの？」

「中学や高校のときは、先生にもほめられていたし、コンクールでもいいところまで行っていたので、それなりに自信はあったんです。でも、プロの音楽家を目指す人が集まる音楽大学では、私はさほど才能があると思えなくなったんです」

「音楽大学に入って切磋琢磨するうちに、あなたは、まわりの状況を客観的にとらえられるようになったんですね」

私はこういって、Y子さんが成長していることに自分自身で気がつくような言葉をかけました。

生きているかぎり人間は成長する

今の状況のなかで「うまくいかない」と言っている人は、うまくいっているところを見ていない場合があるものです。人間は生きているかぎり、必ずどこかで成長しています。ただし、その成長に自分が満足できるかどうかが問題なのですが、自分が成長している事実をしっかり見ていけば、さほど悩むことはないのです。

Y子さんには、バイオリンを習い始めたときから今にいたるまでの、自分の印象に残っているコトを書き出してみるようにすすめました。そうすると、どうしてもうまく弾けなかった曲が練習をくり返すことで見事に弾けるようになった達成感や、まわりの人たちからの助言や励ましなど、いろいろなことが客観的に見えてくるものです。

バイオリンの厳しいレッスンに耐えてきた自己鍛錬の経験は、ほかのことにもいかされるはずであり、未来に向かってプラスになることもいっぱいあることでしょう。

自分が成長していることに気づくと、「もうすこし頑張ってみよう」とか、「これまで培ってきたことを、ほかの道でいかしてみようかしら」と思えるようになります。

三〇代、四〇代は、人生の転換期、決断期となる場合が多々あることでしょう。しかし、どうするかを決めるのはあなた自身なのです。

何が問題なのか？

今の状況にウツウツとしているあなたにとって、あなたの未来が問題なのではなく、未来を決定することができないことが問題なのです。

「これから何をしたらいいのか、なぜ、私は決められないのかしら？」

自分自身に問うてみてください。もしかしたら、あなたがやろうと思っていることを本当は嫌だと思っていたり、そうなることを期待してはいないのかもしれません。

自分の未来を決めかねて悩んでいるときは、その未来をどう考えているかを、いろいろ検証して〝気づき〟を見つけることです。

第3節で、人生の課題である「ライフタスク」についてお話ししました（p38～40参照）。この「ライフタスク」のなかには、人生の悩みがたくさんあります。

「ライフタスク」には、「愛のタスク」「交友のタスク」「仕事のタスク」の三つのカテゴリーがあり、あなたが今、どこで悩んでいるのかを考えてみると、解決の糸口が見えてくるかもしれません。

Mさんは、現在就いている仕事に将来性がないと判断して、転職を考えています。しかし、なかなかやりたい仕事を見つけることができずに、「会社を辞める」と口には出しているのですが、辞めずに半年が過ぎています。この場合は、じつは「辞めたい」のではなく「辞めたくない」のです。Mさんは「辞めたくないから、辞められない」。ですから、自分自身が問題と考えている仕事上の悩みとは別のところに問題が潜んでいるのかもしれません。

そういうときは、悩みの方向をシフトしてみるといいでしょう。仕事に関することではなくて、人間関係で気になることをずっと抱えているのかもしれません。いろいろ考えてみると、「愛のタスク」で解決策が見つかりました。そうなのです。Mさん自身が思ってもみなかったところに、明るい未来が待っていたのです。

私たち人間は、体の細部も心も全部まとまって行動しています。

そして、自分が意識するかしないかにかかわらず、誰もが最善の方法を〝全体〟として選択して生きているのです。

知っておきたいアドラー心理学⑥【全体論】

フロイトは人の心は意識・無意識・前意識に分けられると説きました。意識とは自分の今の意志、前意識とは忘れてしまっているが、努力次第で意識化できる部分、無意識は抑制され、自分でも自覚していない部分。この三層の部分をすべて合わせて心だと考えました。

いっぽうのアドラーは、人間は体と心がセットで一つの個人を形成し、分離不能である、という考え方をします。このように、人全体を一つの統合された単位としてとらえることを全体論といいます。

全体論の考えでは、意識と無意識が分離しているとか、体と感情が乖離した行動をとるということはあり得ません。

「やらなければと思っていたのに、いつのまにか時間がすぎてしまった」とか「ダイエットをしていて食べないつもりだったのに、食べてしまった」といった、体と感情が乖離した行動をとるというふうには考えないのです。

どんな言葉で感情を表していても、その人のしたいこと（目的）は行動として表れたものがすべてであり、体も心も同じ方向を向いている、というのがアドラー心理学における人間性のとらえ方です。

5　あなたは自分の人生を描く画家

「ずっと、母親に厳しくしつけられてきたので、自分がやりたいことはほとんどやらせてもらえませんでした。そういう母親に育てられたのが、私のトラウマです」

F子さんは、現在の自分が抱えている問題を私に話してくれたとき、最後にこういいました。

「そうなんだ。そういうふうに、あなたはおかあさんのことを考えているんだね」と肯定したうえで、私はこうたずねました。

「でも、おかあさんから、叱られてばかりいたの？」

自分は母親から可愛がってもらえなかったというF子さんに、おかあさんがしてくれた「うれしかったコト」をいろいろ思いだしてもらうと、「遠足のときに、いつも美味しい海苔巻きを作ってくれた」とか「ずっと欲しかった赤いドレスを誕生日に買ってくれた」

など、うれしかった思い出を明るく語ってくれました。

そして、面接をくり返すうちに、母親の一面だけをとらえて「自分がやりたいことを何もやらせてくれなかった」と恨んでいたことに気づくようになりました。

「自分がやりたいことが見つからないのは、母親のせい」といっていたF子さんは、そうではなくて、自分が決定できずにこれまで生きてきたことにも気がついたのです。

アドラーは、次のように語っています。「**人間は、自分自身の人生を描く画家である**」と。

私たちは、自分で人生という大きなキャンバスに絵を描いているのです。どんな絵を描くかは、あなたの生まれ育った環境に影響されることはなく、あなたの自由なのです。ですから、あなたは自分で選んで絵を描くという重要性をつねにもって生きているのです。

あなたの判断に無為なものはない

オーストリアの著名な精神科医であり心理学者である、ヴィクトール・フランクルという人がいます。ナチスの強制収容所での体験をもとに著した『夜と霧』は日本でも翻訳され、六〇年以上にわたって読み継がれているので、ご存じのかたも多いことでしょう。

フランクルは、人間を三種類のタイプに分けて語っています。第一は、音楽や絵画、学問の才能に恵まれて、その才能を発揮することで人びとに感動や幸せを与える人。第二は、芸術的、学問的な才能には恵まれていなくても、それらを享受して自分の人生の喜びに変えられる人。そして第三は、このどちらも手に入れてはいなくても、幸せに生きることができる人。

この第三のタイプに属するのは、仮に病によって余命一年といわれたときに、自分でどのような態度を取るかを決められる人です。これまでの自分の人生を振り返ってこの事実を納得し、充足した気持ちで静かに死を待つ態度を選ぶのであるならば、その行為はまわりで見守る人たちに何らかの影響を与えることでしょう。

私たちが生きているかぎり遭遇する悩みや悲しみに対して、自分自身がどのような態度を取るかで、まわりの人に意味を与えることができるのです。アドラーは、未来を信じて、自分で選んだ道を進んでいくことこそ重要だと考えました。これをアドラー心理学では**【自己決定論】**といいます。

あなたは、あなたの人生の折々で何かを必ず決定して生きているのであり、無為なものはひとつもありません。そして、何かを決めるときには、人生を肯定的に見直すことがとても大切なのです。

「落ち込んだ気分」を変える方法

あなたは、なんとなく重い気分で何もやる気が起きなかったり、まわりはみんな元気なのに、気づくと自分だけが「はぁー」とため息をついているようなときが、ありませんか？人間なら誰でも、ウツウツした気分になることはあります。それ自体は悪いことではありません。大切なのは、そんなときをどう過ごすかなのです。ですから、落ち込んだときの上手な過ごし方を知っていれば、恐れることはありません。

まず覚えておきたいのは、どんなに落ち込んだ場合でも、時がたてば必ず回復するということです。なぜならば、気分が落ち込むのは「少しペースを落として」という体からのサインである場合が多いのです。人間の身体というのは、気分が滅入ると体の動きも不活発となり、休息がとれる仕組みになっています。十分に休養して体が回復すれば、心も知らないうちに元気になるということは、よくあるのです。

落ち込んだときに、「こんなことじゃダメ、ポジティブにならなきゃ」と頑張ってしまう人がときどきいます。でも、いたずらに頑張るより、「こんなときもあるさ」とゆったり構えているほうが、結果として早くスランプから抜け出せるものです。焦らずに、時を待つ心構えが基本です。

いつもとは違う道を歩いてみる

さてそのうえで、アドラー心理学の「落ち込んだ気分を変えるための法則」をお伝えしましょう。それは「行動を変えると心も変わる」という法則です。

気分が落ち込んでいるときは、いろいろなことを考えてしまいがちです。それもたいてい、やり残している仕事や過去の失敗などのあれこれを思いだして、後ろ向きの考えが頭のなかを巡ります。

でも、頭で考えていても、気分はさらに落ち込むばかり。心を変えるには「行動」を変えることです。

「行動」を変えるといっても、ごくごくシンプルなことでOKです。たとえば、すこし落ち込んだ気分のときは、通勤や買い物のルートを普段と変えてみましょう。前から気になっていたカフェに入ってみたり、いつも選びがちな洋服の色を反対色に変えてみたり、部屋のテーブルの位置を変えたりするのもいいですね。どんなささいなことでもいいので、いつもとすこし違うことをしてみるのです。

いつもの通勤ルートを変えてみると、普段と違う景色のなかに「あ、花が咲いている」とか「新しいお店ができたんだ」など、何かしら新しい発見があるはずです。それをきっかけに、ものの見え方が変化すると、気分も変わるものです。

「でも、落ち込んでいるときは、外に出る気にもならない」と思ったあなた。そんなときは「じゃあ、何ならできるかしら？」と考えてみましょう。

トイレに立つのはどうですか？　それならできるかもしれませんね。そしてトイレから戻ってくるときには「ついでにお茶でもいれてみようか」なんて気分になっているかもしれません。そんなふうに、今のあなたができそうなことから行動すればいいのです。

落ち込んだときこそ「これだけやった」に注目

落ち込みやすい人には、ひとつの傾向があります。それは、高い理想をもっていて、その理想と比べて自分はダメだと考えがちな傾向です。つまり「自己肯定感」が低いのです。人生の目標として、理想を高くもつのはいいことです。でも、それが自分をおとしめる原因になってしまうことが問題なのです。

あなたの抱く「理想」とは、自分がなりたいと思う目標ですから、今の自分と比べて物足りないのは当然のことです。むしろ、理想に近づくためには、「今の自分に何が足りないか」を考えるよりも、「今の自分に何ができるか」に注目するほうがいいのです。

次にあなたにおすすめしたいのは、一日の最後に「今日、自分がやったこと」を書き出してみることです。仕事や家事はもちろん、食事や洗面、着替え、入浴、トイレ……など、思い出せるかぎり、今日一日にやったことをリストアップするのです。

こうして書き出してみると、あなたはずいぶんたくさんのことをやっているはずです。

しかも食事ひとつとっても、いろいろな選択肢のなかから「今日はこれ」と選んでいます。

つまり**あなたは、そのつど決断をしている**のです。

「そんなこと、大したことじゃない」と思うかもしれませんが、人生は突き詰めれば、そういう小さな決断の積み重ねです。無駄なことは、ひとつもありません。落ち込んでいるときこそ、「そんな気分のなかでも、私はこれだけやった」と確認することに意味があるのです。

あなたは、「自己肯定感」とは、いつも自分に対して自信満々でいることだと思っていませんか？

むしろ、「自己肯定感」とは、つらいときにも「何とかなるさ」と自分を信頼できる心です。

そんな心を育てていってください。

知っておきたいアドラー心理学⑦ 【自己決定論】

……

アドラー心理学には自己決定性という概念があります。

人は人生の折々で何が起ころうとも、必ず自分で選択し、決定しながら生きているのであり、まさに自分が人生の主人公であるという考え方です。

自分自身を変えられないと悩む人も、実は「自分自身を変えない」という決定をしているのかもしれません。

さらにアドラーは、私たちの決定は、環境や過去の出来事にも左右されないとしています。

わたしたちは、困難に出合ったとき、ついまわりの人や環境のせいにしてしまいがちです。過去を振り返って後悔したりすることもあります。

しかし、アドラーは「人間は、自分自身の人生を描く画家である」という言葉を残しているように、自分の人生を切り拓くのはまぎれもない自分自身であり、人は自ら運命を作り出す力を持っていると考えているのです。

第2章

心を変えるには、行動を変える！
——「心のクセ」のリセット術

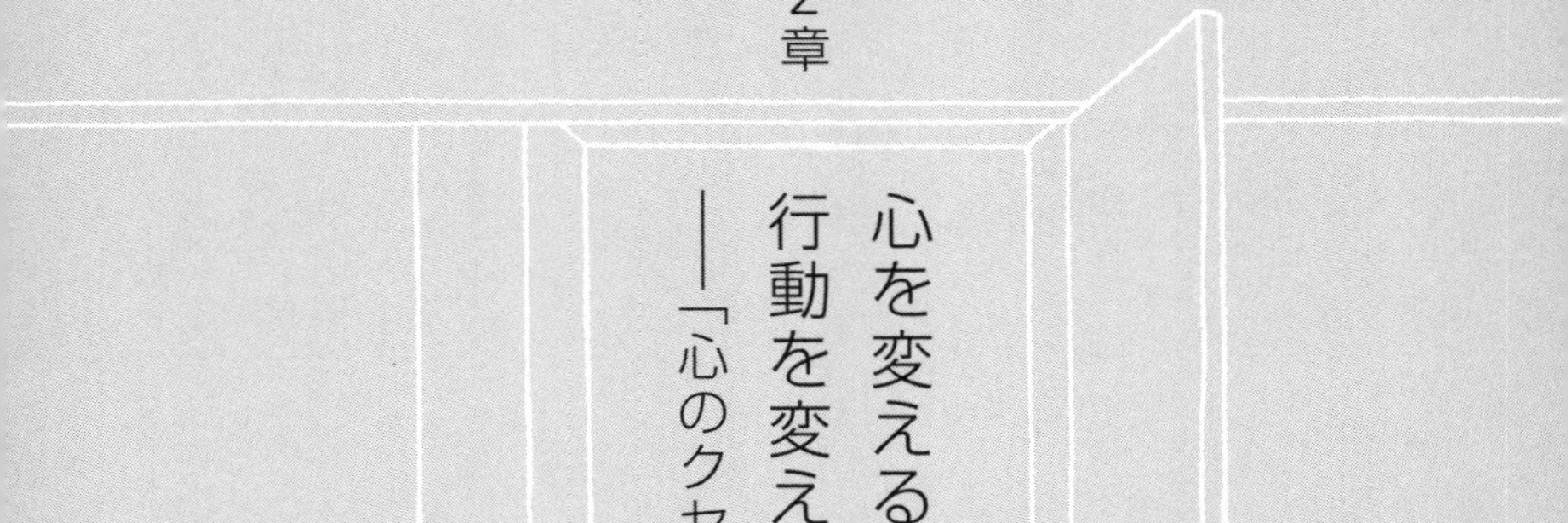

1

失敗した私は〝ダメ人間〟↓「自分を責める気持ち」をリセット

どうして、私はいつも同じ失敗をくり返すの？

私は、職場の人間関係においても、学生時代からの友人たちとの関係においても、「あー、またやっちゃった」と、思わず頭を抱えることがよくあります。それは、よかれと思って口に出した私のひと言が、思いがけず相手を傷つけたり、怒りをかったりしてしまうことです。もちろん、その後の関係は気まずくなってしまい、自然と離れていった人たちもいます。

私は相手を傷つけるつもりなど、毛頭ありません。そのときの状況を思いだし、やりとりした会話を心のなかで再現してみると、「ああっ！」と赤面。余計なことをいっていたり、いうタイミングが悪くて誤解されているのです。その人の心に届くような言葉がかけられず、むしろずれていたりすることが多いのです。

「どうしていつも、こうなるのだろう」と、自分自身にダメ出しをしては落ち込むばかりです。

「コト」と「ヒト」を切り離して、自分へのダメ出しをストップ

私は心理セラピストとして、長年、いろいろな人の悩みを聞いてきましたが、この方のように「自分を責める」気持ちにさいなまれている人が、とても多いと感じています。仕事や人間関係において、いつも同じようなことで失敗したり、大事なことを見落としたり、いいたいことをいえない。そういう自分に悩み、同じような失敗をくり返すうちに、自分自身が嫌になってしまうこともあります。しかし、ひたすら自分を責めても、失敗を取り返せるわけではありません。自分の心も落ち込むばかりで、よいことはありません。

そういう自分を責める気持ちから抜け出せない人に、アドラー心理学が教えてくれるのは、**「コト（出来事）」と「ヒト（人）」を区別すること**。自分にダメ出しをしてしまう人は、この二つを混同しがちなのです。

「反省」はとても前向きな行為

自分を責める気持ちは、どこから出てくるのでしょうか。

たとえば、何か失敗をしたときには、放置するのではなく、何かしらの対応が必要となります。なぜ失敗したのか原因を分析する必要もあるでしょう。これが「反省」のプロセスです。

「そうか、ここに注意すればいいのか」

「よし、次はあのやり方を試してみよう」

反省することで人は失敗から学び、成長できます。反省は本来、とても前向きな行為です。

ところが、反省のつもりで、自分を責めている人が多くいます。「失敗」という「コト」ではなく、意識が「私」という「ヒト」に向いてしまう。そこから「ダメな私」という後ろ向きの思いが頭のなかでグルグル回り始めるのです。こうなると気持ちがどんどん落ち込んで、肝心の反省ができません。逆に、同じ失敗を何度もくり返してしまうのです。

失敗をしてしまったときに大事なのは、「コト」と「ヒト」を切り離すことです。「あー、私ったら……」と「ヒト」を責めそうになったら、すぐにストップ！

「今できる対策は何？」「何が問題だったの？」と「コト」に意識を向けて、とにかく行動してみましょう。そうすれば、失敗はあなたを成長させてくれます。そんな経験の積み重ねが、「失敗しても何とかなるものだ」という自信につながっていくのです。

うまくいかないときは「たまたま」と割り切ろう

私はそもそも、この世にダメな人なんて存在しないと思っています。この世に生を受けた以上、誰もが素晴らしい価値を持っているのです。

「あなたは、どうしてそんなことをするの。ダメな子ね」

私はときどき、街で母親が子どもをこんなふうに叱る姿を見て、胸が痛くなることがあります。

これは「コト」と「ヒト」を混同している典型的な言葉です。確かに、その子は何かまずいことをしたのかもしれません。でも、それはその「コト」が問題なのであり、その子の「ヒト」としての価値が下がるわけではありません。ほとんどの母親は子どもを産んだ瞬間からこの事実を知っているはずですが、つい忘れてしまうのです。

自分を責める人は、この母親と同様のダメ出しを自分にしているわけです。しかし、**あなた自身は生きているだけでかけがえのない価値があります**。ですから「コト」と「ヒト」を分けるのは、「ヒト」の価値をしっかり意識することなのです。

「コト」と「ヒト」を混同しそうになったときに、唱えるといい便利な言葉を覚えておきましょう。

それは「**たまたま**」という言葉です。自分を責める人は「私っていつもダメ」と考えがちです。失敗をして自分を責めたくなったときは、「いつも」ではなく、「たまたま」と唱えてください。

不思議なほど落ち着いて「コト」に集中できますよ。

2 どうせ私なんか……↓「コンプレックス」をリセット

ずっと抱えているコンプレックスに、さよならするには？

子どもの頃から運動が苦手の私は、いわゆる「インドア派」。家のなかで過ごすのが大好きな内向的な人間です。家では、ついついお菓子を食べながらゲームをしたり、DVDを見ることが習慣になっているせいか、三〇歳にして早くもずんぐりしたおばさん体型。若さだけが売りだったお肌も最近はくすみがちで、毎朝、会社へ行く前に鏡を見てはうんざりしています。

容姿やスタイルといった見た目にコンプレックスを持っている分、一生懸命勉強をしたり、内面を磨く努力をすればよいのですが、「どうせ私なんか、どう頑張っても無理」と頭から思ってしまいます。結局はそこそこの大学に進み、そこそこの会社にもぐり込めたという現実です。「なんとかしなくては」という気持ちはいつもあるのですが、最初の一歩を踏み出すことができません。「ああ、このまま私の人生は終わってしまうのか」と悶々とする毎日です。

「劣等感」と「劣等コンプレックス」の違いを知ろう

容姿、学歴、仕事……。私たちは、いろいろなことで「コンプレックス」を感じています。あなたのように「ほかの人に比べて、私はここがダメ」というように、内面に屈折した思いを抱えている人は多いものです。このやっかいな心理はどこからくるのでしょう。そして私たちは、コンプレックスをどう扱えばいいのでしょうか。

コンプレックスと似た意味で、「劣等感」という言葉がよく使われますが、じつはこの二つの言葉は、意味がまったく違います。

劣等感は、自分のなかにある何かが劣っていると思う気持ちのこと。人間はみんな個性的な存在で、それぞれに得意なことや苦手なことがあります。そして、苦手と感じるからこそ、それを克服しようとして「よし、もっと頑張ろう」という気持ちがわいてきます。スポーツ選手や経営者が「劣等感をバネに頑張った」とよく語るように、人間が成長するうえで、劣等感はとても大事なものです。

ところが、この劣等感にもうひとつの要素が加わると、これをバネに成長するというプラスの方向へつながらなくなってしまいます。それは「**私はかわいそう**」という心理です。この心理が加わると、自分が他人より劣っていることばかりを気に病んで、前に進む力がわかなくなります。これが「劣等コンプレックス」であり、一般に「コンプレックス」と呼ばれる心の状態です。人をねたんだり、うらやんだりする気持ちにもつながります。

それならば、「私はかわいそう」と思うのをやめればコンプレックスから抜け出せるのでしょうか。残念ながら「私はかわいそう」と思いがちになるのは、一種の心のクセで、「もうやめよう」と意識するだけでは、すぐに心の動きが変わるものではありません。

自分の満足度を10段階であらわして、一段階だけ高める行動をしてみよう

アドラー心理学ではこういうとき、「心を変えるには〝行動〟を変える」という法則を取ります。あなたが持っている劣等感を、成長につなげるための行動をとにかく実行してみましょう。

まずは、今の自分自身への満足度が10段階でどのくらいかを考えてください。「3」だとしたら、どうすれば「4」になるかを具体的に考えてみましょう。職場での評価が上がれば満足度が上がると思うなら、あなたの仕事の知識や技術を磨きます。見た目で女子力

をアップしたいなら、ファッションやヘアスタイルを変えてみるのもいいでしょう。

ここで注意したいのは、一度に「10」を目指すのではなく、ワンランクアップすることだけを考えることです。そうすれば、今、何をすればいいのかが、具体的に見えてきます。あとは実行あるのみ。実際に行動することで「私はかわいそう」という後ろ向きの心は、自然に遠のいていくものです。

助けてもらったこと、ありがたかったことを書き出してみよう

コンプレックスは、人間関係の問題にも根づいています。コンプレックスを抱えやすい人は、人間関係を「勝ち」「負け」で考える傾向があります。何か優れたものを持っている人に対して、素直に憧れる気持ちよりも「負けた」という気持ちが先立ち、そんな「私はかわいそう」という心理が出てくるのです。

さらに、その心理の背後には、「かわいそうな私」という姿を周囲の人たちに示すことで、関心を引こうとする下心が隠れているかもしれません。本人は気づいていなくても、まわりには何となく伝わってしまうこともあります。こういう心の傾向を持ったままでは、コンプレックスからなかなか脱却することができないのも事実です。

人の能力や資質は千差万別です。

「勝ち」「負け」ばかりではなく、互いの長所を組み合わせて、協調することが大切です。そうすることで、世の中は成り立っているのです。

次に、あなたが「人に助けられたこと」や「ありがたいと思ったこと」を書き出してみましょう。この作業を一週間も続けていると、ずいぶん多くの人があなたを支えてくれている事実に気づくはずです。

あなたはその人たちに「ありがとう」を伝えていますか。

あまりいっていないと思うのならば、ぜひ「ありがとう」と口に出して伝えてください。そして、あなた自身も、人から「ありがとう」といってもらえることをやってみましょう。

「勝ち」「負け」より、「ありがとう」でつながる人間関係のほうが素敵です。そして「ありがとう」の関係が増えるほど、コンプレックスの居場所がなくなっていくのです。

3 私は間違っていないのに！
↓「イライラする人間関係」をリセット

私は悪くないのに、イライラするのはなぜ？

私には同棲中の彼氏がいます。お互いの両親にも紹介をして、将来は結婚したいと考えています。ある日、私は夕食の準備をするために「何時に帰る？」と、彼にメールをしました。しかし、いつもならすぐに返信をくれるのですが、いつまでたっても連絡をくれません。

私は、仕方なく夕食の準備を始めて、午後八時にはすっかり整いました。が、彼はいっこうに帰ってくる気配がありません。連絡すらないままです。さすがに心配になりかけた矢先、午前零時過ぎになって、彼はすっかり酔っ払って帰ってきました。

怒った私は、「どうして、連絡もしないで飲んでいられるのよ！　せっかく、晩ごはんも作ったのに！」と彼を責めました。しかし、彼は「疲れているから寝かせて」「次から気をつけるから」と、まったく取りあってくれません。私は悪くないし、間違ったこともいっていないのに、本当にイライラします。

イライラの原因を「ヒト」から「コト」にシフトしよう

私たちがイライラするときは、たいてい相手がいます。その人の行為や言葉が、気にさわるのです。それが度重なると、相手が何もしていないのにイライラすることもあります。「あの人の声を聞くだけでイラつく」といった状況です。

何とかしたいところですが、相手があるだけに簡単ではありません。いらだちや怒りの感情には「相手を変えたい」という隠れた意図があります。

でも、イライラをぶつければ、相手は素直に変わるのでしょうか。これは、自分がイライラをぶつけられる場面を想像すれば、すぐに分かります。誰かからイライラした声で「そういうのやめてよ！」などといわれれば、誰でも不愉快なものです。たとえその指摘が的を射たものでも、喜んでやめる気にはなれないし、下手をすれば喧嘩が始まってしまいます。

イライラする側は「相手が変わるべき」と感じ、イライラをぶつけられた側は「そのいい方は不愉快」と感じる。なんとも厄介です。

関係を変えるにはまず自分が変わる

そんなとき、アドラー心理学の大前提として、「人間関係を変えるには、自分が変わる」と肝に銘じる必要があります。

イライラしているときは、「自分は悪くない、悪いのは相手だ」という発想に陥りがちですが、どっちが正しいという問題ではありません。不快な関係をすこしでも心地よくするため、できることをやろうという現実的な話です。そして、自力で変えられるのは自分しかありませんから、まず自分が変わるのです。

とはいえ、いきなり〝変わる〟のは難しい。まずは頭を整理しましょう。ここでも「ヒト」と「コト」を分けることです。

あなたは同棲中の彼氏にイライラしています。彼のために夕食を作って待っていたのに、何の連絡もなく午前零時過ぎにすっかり酔っ払って帰ってきたのですから、イライラするのも当然です。しかし、そこで考えてください。そのイライラの矛先はどこへ向いていますか。

もし「彼氏」というヒトに向いているなら、焦点を「コト」、すなわち彼の行動にシフトさせます。「帰宅が遅い」「連絡がない」「酔っ払っていた」といった行動のなかで、あなたを特にイライラさせたのは「どれ？」と考えるのです。

これは、いらだたしい状況を改善へもっていくための、心のテクニックです。彼という「ヒト」を責めているかぎり、ものごとは何も変わりません。それに、この日の彼の行動は確かに問題ですが、だからといって全人格にダメ出しをするのは行き過ぎです。彼の「行動」に問題があっただけなのですから。

「私」が主語の文章でメッセージを伝える

〝イライラ〟という漠然とした不快感を、「この行動を変えてほしい」という明快なメッセージに転換する。ここから、関係改善への道が開けます。

まず「この行動を変えてほしい」というメッセージを相手に伝えます。大切なのは「責める」のではなく、「行動を変えてほしい」と伝えること。ここで役立つのが「〝I（アイ）〟メッセージ」という方法です。

先ほどの例で「連絡がない」がイライラの一番の原因だったとしましょう。これをイライラに任せて言葉にすると、「あなた」が主語のこんな表現が出てきます。

「あなたはどうして連絡してくれないのよ！」

これは「〝You（ユー）〟メッセージ」と呼ばれる表現で、文章自体が、相手を責める構造になっています。これでは、せっかく分けた「ヒト」と「コト」が、また混ざってしまいます。

「コト」の話として伝えるには、主語を「I」＝「私」にするといいのです。たとえばこんないい方です。

「私は、遅くなるときは連絡してくれるとうれしいんだけど。何かあったんじゃないかと心配したんだよ」

内容は同じでも、ずいぶん印象が違うと思いませんか。非難が含まれておらず、「心配だった」という素直な気持ちがあらわれているので、いわれるほうも責められている気分が薄れて聞きやすく、次からは連絡してくる可能性が高まります。結果として、イライラの種が減っていくのです。

伝えたいことを「Iメッセージ」にして表現してみよう。

「You（あなた）」が主語の表現は、相手を責める言い方になりやすい。相手に行動を変えてほしいと伝えるには、「I（私）」を主語にして話す方が効果的です。どんなふうにいえばメッセージが伝わりやすいのか、いろいろ言い回しを考えてみましょう。

4

きっとダメに決まっている
↓「不安な気持ち」をリセット

いつも根拠のない不安におそわれる私はどうしたらいい？

最近仕事で遅くなることが多く、前から気になっていた同じ部署の男性と帰宅の時間が一緒になります。最初は向こうから声をかけてもらい、私の仕事の悩みや愚痴を聞いてもらうようになりました。やがて、お互いの仕事以外のこともよく話すようになりました。

ある日、仕事も落ち着いてきたので、私のほうから「夕飯でもどう」と誘いました。しかし、その同僚は「ごめん、今回はやめておく」と断ってきました。「仲良くなってきたのになぜ！」と私には断られた理由が分からず、「何か気にさわることを、いったかしら？」「私、もしかして嫌われてる？」「きっとこの間のことを怒ってるんだ」

などと、いろいろと考えて心配になってしまいました。

昔から悲観的に考えるクセがあり、「いつも決まってこうだ」「私から誘ってうまくいったためしがない」などなど、さらに不安がふくらんで、今やらなくてはならないことも、あまり手がつけられない状態です。こんな私は、どうしたらいいのでしょうか？

不安に対処するには〝事実〟と〝想像〟を区別すること

あなたは今、先のことをあれこれ心配して不安におそわれているのですね。みなさんも、引っ越しや人事異動などで慣れない環境に入っていくときや、手に余りそうな大役を任されたときなどに、不安を感じることがあるでしょう。

「未来を予想するのは、人類の卓越した能力の一つ。不安を通じて未来のリスクを予見するから、私たちは事前に対策を立てられる」

こう考えると、不安は本来、人間の心に備わったとても大切な機能であることが分かります。

ただ、不安があまりにふくらんで、今やるべきことに手がつけられなくなることもあります。そうなるとさすがに困りものですね。そこで、過剰にふくらみがちな不安から抜け出すアドラー流の方法を考えていきましょう。

「想像」が不安をふくらませる

不安がほかのネガティブな感情と違うのは〝未来志向〟なところです。ウツウツとした気分はすでに起きてしまったこと＝「過去」を引きずって生じますし、怒りやイライラは今まさに起きていること＝「現在」に向かって発せられます。

これに対して、不安の対象は、まだ起きていない「未来」。「起きるかもしれない」と頭のなかで想像していることです。そして不安がふくらむときは、この想像（妄想といってもいいでしょう）が大きくなって、事実とごちゃ混ぜになってしまいます。

ですから、不安に対処するには、まず**「事実」と「想像」をしっかり分ける**こと。あなたは、同僚の男性を夕飯に誘いました。でも、彼は、「今回はやめとく」と断ってきた。ここまでは実際に起きたことです。そこから、あなたの心のなかに「何か気にさわることいったかしら？」と不安が広がっていったのなら、これはあなたの想像です。今回はたまたま都合が悪かっただけかもしれないし、こっそりダイエットをしているのかもしれません。実際に嫌われている可能性がないとはいえませんが、それは相手に聞くまで分かりません。

不安がふくらんできたら、まず「どこまでが事実？」「どこからが想像？」と区別することが、とても大事なのです。

ネガティブな決めつけ言葉を見つける

不安も含めたネガティブな感情を抱きやすい人には完璧主義的な傾向があります。「こうでなければいけない」と考える傾向がとても強いのです。そして不安が強まるときは、想像がふくらむなかでこの傾向が働いて、「ネガティブな決めつけ」をしていることが多いものです。

あなたの頭のなかにある「決めつけ言葉」を見つけましょう。あなたが先ほどいった「〝きっと〟この間のことを怒っているんだ」という部分です。

あるいは、あなたが仕事の大事なプレゼンを翌日に控えているとします。資料の準備はすっかり整えたし、想定質問への回答も考えました。できることはすべてやったのに「失敗するんじゃないか」という不安がふくらむ。そんなとき、頭のなかでこんな言葉が渦巻いていませんか。

「何か見落としてるかもしれない。私は〝いつも〟ポカをするし、今回も〝絶対に〟そうだ」

こういう考え方は一種のクセで、いつもの決まり文句があるものです。頭で考えているだけでは気づかなくても、思っていることを声に出したり、紙に書いてみたりすると、「これは根拠がない」「ここは話が飛躍している」などと冷静に考えることができます。こうして自分が陥りやすいパターンを見つけておけば、次からはそこから抜け出しやすくなるでしょう。

さて、ここまで「事実」と「想像」を切り分ける方法をお話ししてきましたが、じつはこの話には続きがあります。

「嫌われたらどうしよう」といった不安がふくらむ根っこには、「嫌われたら終わり」というような極端な思い込みがあるのです。これも根拠のない決めつけです。そこから抜け出すには**「嫌われたって何とかなる」と思える**ように、自分を勇気づける必要があります。

この「勇気づけ」こそがアドラー心理学の中核です。

5 みんなから嫌われたら終わり
↓「いい子でいたい」願望をリセット

自分らしく振る舞うことができない私は、どうしたらいい？

私は、友だちから頼みごとをされると断れずに、なんでも引き受けてしまいます。時間的に余裕があるときならいいのですが、予定が入っているときでも、相手の顔色をうかがって、つい「OK！」してしまいます。

先日も、たいして興味のないバンドのコンサートに誘われて、一緒に行ってしまいました。一度断ると、その友だちから二度と誘われたり、頼みごとをされることはないのではないかと不安な気持ちになるのです。

自分の思っていることがいえずに、意見をのみ込むこともよくあります。みんなに好かれようと思うあまりに、自分らしく振る舞えずストレスを感じています。

友だちの誕生日には、欠かさず午前零時に「おめでとう」とメールします。しかし、私の誕生日には午前零時ちょうどにお祝いメールを送ってくれる人は、ひとりもいません。

相手に嫌われる心配をするより、自分から相手のいいところを探してみる

あなたも、不安をふくらませてしまいがちな人と同様に、「**嫌われたら終わり**」という極端な思い込みがあるのです。絶対に嫌われたくないと思っているから、嫌われることへの不安が高まる。これは、「失敗したくない」「人に迷惑をかけたくない」などと不安に思う気持ちとも共通するものです。失敗することを避けたがる人ほど、その裏返しとして「失敗への不安」が高まりやすいのです。

もちろん、嫌われたくないというのは、誰もが抱く自然な気持ちです。でもいっぽうで、こういうことも考えなくてはいけません。

「私たちが、誰からも嫌われずに生きていくことなんて、できるのでしょうか」

すべての人から好かれることはない

私はときどき、講演会などに呼ばれてお話しすることがあります。講演しながら聞いて

いる人を見ていると、どんな場所でもだいたい共通の反応があります。

一割ほどの人は、何をいってもムスッとしている。

二割ほどの人は、何をいってもうれしそうにうなずく。

残りの七割の人は、雰囲気によって態度が変わる。

私がどんなに頑張っていい話をしても、一割の人からはつねに否定的にとらえられます。いっぽう、無条件で好んでくれる人も二割ほどいるわけです。あとの七割は、どちらでもない人たちです。

このルールは、一般的な人間関係にも当てはまります。どこに行っても、何をしても、自分とうまくいかない人が一割ぐらいはいるもの。気に病んでも仕方がないのです。できることといえば、好んでくれる二割の人に感謝するぐらいです。他人の心は簡単には変えられません。

「変えられるのは、自分の心だけ」

これがアドラー心理学の考え方です。

そこで、「嫌われたくない」と思っている相手がいる場合、あなた自身はその人のことをどう思っているかを考えてみましょう。「嫌われたくない」という気持ちには、じつはその人に対する不満や不信、いいたくてもいえない気持ちが隠れている場合もあるのです。

「嫌われたくない」の裏に自分の苦手意識がある

あなたが誰かのことを好きになるのは、その相手のいいところを認めているからです。「あの人にはこんな素敵なところがある」と実感しているわけです。相手からすれば、あなたが自分の価値を認めてくれているのですから、たいていの場合、相手もあなたと接するのを心地よく感じているでしょう。

こういう相手の価値を認め、相手も自分の価値を認めてくれるという信頼がベースにある関係では、「嫌われたくない」とあえて思うことはまずありません。

逆に「嫌われたくない」と思う気持ちが出てくるのは、あなたの心のなかに、その相手に対する不満や苦手意識などが潜んでいる可能性が高いのです。そして、それを相手も敏感に感じて、ギクシャクしているのかもしれません。

それでは、相手の「いいところ」を探してみましょう。外見、行動、性格などから、長所や、魅力的なところを見つけるのです。実際にやってみると、あなたは今まで「自分は嫌われたくない」ことばかりに意識が向いて、相手のことにあまり目を向けていなかったことに気づくかもしれません。あるいは、相手のネガティブな部分にばかり目を向けがちだったと感じるでしょう。

「嫌われている」と不安に思うのは一方的な受け身の状態です。人間関係において受け身の姿勢に終始しながら、「嫌われない」という結果を期待するのは、かなり都合のいい考え方といわざるをえません。でも、私たちはそういう心理に陥りやすいのです。そこから脱するためには、〝自分から〟相手のいいところを探す、主体的な姿勢が必要なのです。

相手のいいところに目を向ける姿勢は、必ず相手に伝わります。結果として、関係がいい方向に変わっていく可能性もあるのです。

6

私の方が格上よ！
↓「マウンティング心理」をリセット

「友だちがあっと驚くような結婚相手を見つけなくては」と焦る私は変？

私はこれまで人並み以上に努力をしてきたお陰で、いわゆる一流大学から一流企業へ就職し、社会人として充実した生活を送っています。悩みといえば、そこそこ美人ではあるのに、三五歳を過ぎた現在に至るまで、一度も結婚したいと思う男性に巡り会ったことがないのです。男性からも「結婚しよう」とプロポーズされたことはありません。

高学歴、高収入、高身長の「三高」を結婚の条件に挙げる気など毛頭ありませんし、お互いに価値観が合って、私のことを認めてくれる人であればいいと思っています。

ただ、学生時代に私より成績も悪くて、さほど目立つ存在ではなかった友だちが、早々に結婚し、子どもにも恵まれて幸せに暮らしているのを見ると、「ここまで結婚しなかったのだから、彼女たちがあっと驚くような相手を見つけなくては」という焦りに似た気持ちもあります。このままだと、ますます結婚が遠くなるような気がしてなりません。

人と比較して、自分が上とか下とか考える「縦の関係」から抜け出そう

人間は誰でも、他人と比較して自分が上だと安心し、逆に自分が下だと不安になる傾向があります。たとえば、一流大学から一流企業に入社したあなたは、キャリアの上ではA子さんに「**勝った＝上**」と思っていたところ、世間的に申し分のない伴侶を得て結婚したB子さんを見て「**負けた＝下**」と思い、不安な気持ちになっているのではないでしょうか。この先、B子さんに勝てたとしても、次には必ずあなたを不安に陥れるC子さんがあらわれるはずです。その競争意識から来る不安感は、限りなく続いてしまいます。

アドラー心理学では、人生のあらゆる問題は対人関係によってもたらされると考えます。

そして私たちが経験する対人関係は、「師匠と弟子の関係」「教師と生徒の関係」のような縦の関係と、ネットワークのように広がる「友だちの関係」という横の関係で成り立つと

しています。

この三種類のパターンのうち、もっとも大切であり望ましいのが「友だちの関係」です。たとえ学校の教師と生徒、会社の上司と部下、そして親と子という立場にあっても、対等な友人としての関係を結ぶことが理想なのです。あなたが今の状況から抜け出して、心穏やかになりたいのなら、「格上にいる私」を捨てて、友だちとは本来の対等な関係になることをおすすめします。

たとえば、今までのあなたの見方をすこし変えるだけで、隣りにいる男性が「私のことを理解しようとしてくれる優しい人」だということに気がつくかもしれません。その男性が結婚相手にならなかったとしても、身近に心が許せる友がいるのは、人生の幸福でもあるのですから。

「今日の私のいいところ」を見つけて書き出してみよう

あなたはご自分で「努力した結果、一流大学から一流企業に入ることができた」と語られていますが、すこし厳しいいい方をすると、あなたはこれまで世間に認められたいためだけに努力をしてきたのではないでしょうか。周囲の人と比較してつねに一段上を目指すあなたの努力。みんなから認められたいという欲望に支配されると、あなたの人生は豊かなものにはなりません。人と比較して何かに追いかけられているような人生では、疲れ果ててしまいます。

人と比較する生き方をやめるには、どうしたらいいのでしょうか。それは、今ある自分を見直して、自分を〝否定〟するのではなく〝肯定〟することです。

まず「心のノート」を一冊用意してください。自分の好きなサイズのノートなら何でもかまいません。

そして、毎晩、寝る前に「今日の私のいいところ」を見つけて書き出してみましょう。

たとえば、

「1　会議での発言がいい結論につながって、みんなが満足できた。
2　会議のための大量の資料コピーに焦っていたD子さんを手伝った。
3　電車のなかで、とても素敵な年輩のカップルを見て席をゆずった」
というように。

少なくとも三点は挙げられるように考えてみることで、慌ただしく過ぎていた毎日のなかですこし立ち止まって、自分の心と向き合うきっかけとなるはずです。

ただ、気をつけなくてはならないのは、ここで書くのは「悲しかった」「うれしかった」という「自分の気持ち」ではなく、**「自分がやったこと＝行動」**です。アドラー心理学では、人の行動は「その人がどうなりたいか」という目的のあらわれであると考えます。主眼は、「気持ち」より、こういうことがあったという「事実」であり、それによって自分が見えてきます。ですから、「心のノート」は「行動のノート」でもあるのです。

「今日の私のいい行動＝事実」を書くことを積み重ねることで、「そういうことをやった自分」に気がつき、自己肯定につながります。そうすることで、あなたは「他人と比較するより、自分を成長させたい」と思うようになるでしょう。

「自己成長」とは「他人より立派な人間になること」と思いがちだったあなたは、自分がすこしずつ成長して生きる喜びを見いだし、「自分を成長させるとは、他人の上に立って勝つことではない」と自然に考えるようになるでしょう。

しばらくたってから「心のノート」を読み返してみると、「私にふさわしい男はいない」と思っていたのが、「こんな素敵な男性がいることが見えてきた」自分に気がつくかもしれません。あなたの人生の積み重ねが、あなたをそういう人間にしたのです。

ですから、人と比較するのは意味のないことであり、一年前の自分と今の自分を比べて、「こんなに変わった」と気づくことこそが自己成長なのです。

今日やったことを
すべて書き出してみよう。

「今日やったこと」を思い出して、書き出してみる。ささいに思えることでも、よく考えるとその都度、何かしらの吟味や選択、決断をしているものです。「人間、生きるためにいろいろとするものだなぁ」と確認するところから、自分を前向きにとらえる心が育ちます。

7

人の責任を背負いこむ
↓「私がいなきゃダメ心理」をリセット

私に任せておけば大丈夫なのに、なぜ何ともいってこないの？

三人姉妹の長女として育った私は、進学する学校の選択、就職、そして結婚と、三姉妹のトップランナーとして、よきお手本となることが自分の使命と考えて生きてきました。就職氷河期での就活は大変でしたが、なんとか大きな挫折もなく無事に人生の節目を乗り越えてきました。

ふたりの妹も、私と同様に女性として幸せな道を進んでくれるものと思っていたのですが、一番下の妹が家族の大反対を受けた相手と結婚してしまい、絶縁状態になってしまいました。想像したとおり、夫となった人は定職もなくブラブラしていて、妹はとても苦労しているようです。

「だから、いったでしょ！」と腹立たしい気持ちでいっぱいですが、長女として両親と妹との家族関係の修復をしなければとも思うのです。それなのに、意地を張っているのか、両親からも妹からも、私には何ともいってきません。どうしたものかと悩む毎日です。

まずは相談しやすい関係を作ること

アドラー心理学では「**生まれた順番が、その子どもの性格に影響を与える**」といわれています。

第一子は最初の子どもなので、親など周囲のおとなたちからとても可愛がられます。ところが弟か妹が生まれると、今までみんなにチヤホヤされていたのが、突然、自分に関心がもたれなくなってしまいます。周囲からの愛情を奪われて「見捨てられた」と感じる第一子は、それを取り戻すために何事も頑張ろうとする傾向があります。これは親が悪いのではなく、第一子が体験する宿命でもあるのです。

あなたのなかには「頼りがいのある人間でいたい」とか、「人よりも優位にたたなければいけない」という思いはありませんか。ご両親と妹さんを仲良くさせることで、「おねえちゃん、よくやった」「おまえは、やっぱりいい娘だ」と、みんなから感謝され、認められたいという気持ちもあるのではないでしょうか。長女としてつねに「いい子」として育ってきたあなたは、そのようになりがちなのも世の中というものです。

でも、考えてみてください。妹さん夫婦も二〇歳を過ぎた立派なおとなであり、「自分たちの人生」を歩んでいるのです。妹さんから「おねえちゃん、つらいから力になって」といわれてから動けばいいのです。私たちは、頼まれて初めて、その人に対して協力や手助けができるというのが基本です。

今、あなたが考えなくてはならないのは、「どうしたら、妹が私に相談に来るのか」ということで、妹さんが相談しやすい関係を作ることが第一です。頭から「だから、私がいったじゃない！」という態度であれば、相談に来るはずがありません。まずは「私にできることがあれば、いつでも相談にのってあげるよ。それまでは見守っているからね」というメールを送ってみてはいかがでしょうか。

「すべては余人をもって、代えられる」

あなたは、どこかで「私がいなければダメ！」と思っているようですが、果たして実際はそうなのでしょうか。たとえば会社という組織のなかでは、社長も含めてどんな優秀な人材であっても、定年を迎えると去っていきます。それでも会社は存続していくわけで、人生のすべてのことは代替えがきかないということはありえません。そうであるからこそ、この社会がつねに活性化されているのであり、存続しているのです。

「私でなければ」と考えることは、まず「私でなくてもできる」こと。「すべては余人をもって、代えられる」と思えば、人生を生きるのが楽になります。

責任とは「応えること」

アドラー心理学では、私たちには応えなくてはならない人生の課題があると考えます。これをライフタスクといい、「愛のタスク」「交友のタスク」「仕事のタスク」と三つに分類されます。私たちは、それぞれの人生においてこの三つのライフタスクに誠実に応えることで、自分の責任を果たすのです。

かつて日本の武家社会では、責任をとるために切腹をするのがひとつのルールでもありました。しかし、死をもって責任を果たしたとしても、残された人間にとって混乱した状況はそのままであり、何の解決や進歩になりません。

英語では「責任」を「レスポンシビリティー(responsibility)」といい、これには「応答する」という意味が含まれています。

責任とは、困難な状況のなかで自分が必要とされたときに、それに応えるために、現状を打開するにはどうしたらよいかを求めて必死に行動することです。

では、本当の意味で「責任をとる」とは、どういうことでしょうか。

それは「自分は余人をもって代えられる存在である」と認識したうえで、**自分にできることを精一杯やる**ことです。ですから、「人の責任を背負いこむ」などと、たやすくいえることではないのです。

あなたは長女として、模範となるトップランナーとして、走り続けてきたのは立派なことだと思います。でも、妹さんたちも自分の人生を生きるうえで、それぞれの責任を果たすべく必死で頑張っているのです。たとえ、妹さんがあなたのところに相談に来なかったとしても、「妹も成長したのね」と思って、それを喜ぶほうがお互いにとってもいいことなのです。

8 「いいね！」が気になって仕方ない→「つながっていたい願望」をリセット

SNSで疲れが増すので、見るのを減らしたいのですが

私の今いちばんの楽しみは、テレビドラマでもベストセラー小説でもなく、スマホでFacebookやLINEを見ている時間です。暇なときに手軽に見られて、いつでも気になる人の動向をチェックできますし、自分が感じたこともすぐにみんなと共有できる。自分の発言に、共感の気持ちをあらわす「いいね！」が付くことも、それがどんどん数が増えていくのでやっていて楽しいです。SNSのない毎日なんて考えられないほどにハマってしまいました。

しかし、次第に楽しかったはずのSNSで疲れることが増えました。自分の発言に反応がないと不安やイライラが募り、「いいね！」が付かないと「何か変なことを

> いってしまったのでは」と気になります。詮索好きな人もいるので、以前より投稿する話題にも気を遣うようになりました。頻繁にスマホを見てしまうので、気づいたら深夜なんてこともしばしばです。そんなスマホにかじりつくような時間をすこしずつ減らしたいと考えているのに、なかなか減らせず困っています。

過剰な意味を読み取るのはやめよう

最近は、FacebookやLINEといったSNSを楽しんでいる人も多いでしょう。

いっぽうで、「SNS疲れ」なんて言葉を聞いたことはありませんか。SNSは何かと便利なツールですが、不安や気疲れを助長しやすい面もあります。

たとえば、投稿を見た人が、ボタンをクリックして共感を伝えるFacebookの「いいね！」機能。自分の投稿への「いいね！」が増えていくのは楽しいですが、付かないと不安になることもあります。「いいね！」獲得に血眼になる人もいれば、「いいね！」を気にすることに疲れて投稿をやめてしまう人もいます。

LINEでは、メッセージをなかなか読んでくれないとか、読んでいるのに反応がないといった状況に、不安やイライラが募ることもあるでしょう。アドラーが活躍したのはインターネットなどなかった時代ですが、このようなネット特有の心理を考えるうえでもアドラー心理学は有効です。

ネタへの「いいね！」はあなたへの評価ではない

ここで役に立つのは、アドラー心理学の「コト」と「ヒト」を分ける考え方です。まず、あなたの過去の投稿を見返してみましょう。「いいね！」がたくさん付けば誰でもうれしいものですが、そこには「みんなに自分が認められた」というような気分が含まれていませんか。逆に「いいね！」が付かなかった投稿では、自分が無視されたような気分になるかもしれません。

それなら、あなたが人の投稿に「いいね！」を付けるときのことを思い出してみてください。その人を「認める」などと意識しているでしょうか。たいていは、単にそのトピックが面白いから「いいね！」を押すのでしょう。

冷静に考えれば、**「いいね！」とはその程度のもの**です。クリックした人は〝ネタ〟、つまりあなたが投稿した「コト」の面白さに反応した（またはしなかった）のであって、あなたという「ヒト」を評価しているわけではありません。これはＬＩＮＥやメールに、すぐに返信が来るかどうかも同様です。反応が遅いのは、あなたへの否定を表明しているわけではありません。単に、忙しかっただけかもしれない。なのに私たちの心は、「いいね！」の数や反応の速さに、自己肯定や自己否定といった過剰な意味を読み取ってしまいがちです。

ちょっとしたことで自己を肯定されたり、否定されたりした気分になることは、ネット以外の人間関係でもあります。スケジュール帳で休日の予定が埋まっていないと不安になったり、異業種交流会などで山ほど名刺交換したことに満足したりするのは、同様の心理といえます。

ただ、ネット上、とりわけSNSはこういう心理を助長しやすいのです。なぜなら、人間関係を築くためのアクションが、とても手軽だからです。あなたは料理の写真やドラマの感想をちょこっとアップするだけ。あとは、誰かが「いいね！」を押してくれるのを待つだけです。

ですが、こういうお手軽な関係から得られる自己肯定感は、表面的なものです。あなたが本当につらくなったときに、自分を支える力にはなりません。そもそも、ちょっと「いいね！」が付かなかっただけで不安になってしまうのですから。

素敵なカフェを見つけたら友だちを実際に誘ってみる

揺らがない自己肯定感は、相手と向き合って得られる信頼関係のなかでのみ育ちます。

そして信頼できる関係を築くには、自分から行動を起こす必要があるのです。たとえば、素敵なカフェを見つけたとします。このとき、写真をＳＮＳにアップするだけでなく、実際に誰かを誘ってみましょう。「いいね！」と違って、数を集める必要はありません。一緒に楽しめそうな人をひとり誘えばいいのです。

確かに、断られるかもしれません。でも、断られることを避けてネットの手軽な関係にばかり頼っていては、いつまでも「いいね！」が付かないだけで不安になるような関係しか持てません。もし断られたら、別の誰かを誘えばいい。そんなふうに思えるようになることが、目標です。関係づくりに自分が寄与しているという実感が、自己肯定感を育てるのです。

9 どうせ「できない」「無理…」→「くじける自分」をリセット

新しいことを始める勇気がない私は、どうしたらいい？

今の職場で働きはじめて一〇年になります。同僚同士とても仲がよく、頼りにされる後輩が私にもできて充実した日々を送っています。しかし、毎日職場と家との往復で、恋なんてもう何年もしていないですし、打ち込める何かが仕事以外にあるわけでもありません。このまま歳をとるのが嫌で、ときどき自分を磨かなければとすごく不安になることがあります。

昔やっていた習い事を再開してみたり、たまには「合コン」へ行ってみたり、「婚活」もしてみたいなと思っているのですが、「どうせすぐ飽きるし」「いい人なんて見つからないし」「仕事が忙しいし」などとやらない理由が次々に頭のなかに浮かんできて、なかなか新しいことが始められずにいます。
どこかでこんな自分を変えなくてはと思うのですが、実際に踏み出すことができずに悩んでいます。

本当の勇気を持とう

アドラー心理学は、よく「勇気づけの心理学」と呼ばれます。ここでいう「勇気」とは、屋根から飛び降りるような勇気とは違います。危険を顧みず、無鉄砲なことをするのは「蛮勇」というものです。

アドラー心理学が伝える**勇気は、あらゆる人の心のなかにある、行動を生む力**のことを指します。「一歩前に踏み出そうとする気持ち」といえばいいでしょうか。たとえば、オープンしたてのカフェにひとりで入ってみるときや、習い事を始めるときは、ちょっとしたエネルギーが必要です。行動を後押ししてくれるこのような力を「勇気」と呼ぶのです。

カフェに入るぐらいはささいなことかもしれません。でも、こうした小さな勇気を大切に育てていけば、やがて、あなたが生きていくうえでとても貴重な力になります。ただ、私たちの心のなかには、勇気をくじき、萎えさせようとする作用もあるのです。

人の目を気にするから「勇気くじき」が起きる

先に挙げた習い事を例に考えてみましょう。あなたは子どもの頃から、バレエに憧れていたとします。

最近、近所に「おとなのバレエ教室」があるのを見つけました。それがずっと気になっているのですが、頭のなかにはなぜか「やらない理由」が次々と浮かんできます。

「体が硬いから無理」

「どうせすぐ挫折する」

「仕事も忙しいし」

似たようなことは、仕事でも起こります。新プロジェクトのアイデアを上司が募っています。自分の考えを提案しようと思ったとき、ふと「私の意見なんか採用されない」「私がいわなくても、きっと誰かがいう」といった言葉が頭に浮かぶことはありませんか。

こんなふうに、やらない理由を挙げて行動にブレーキをかけることを「**勇気くじき**」といいます。多くの場合、その根っこには「失敗したくない」「嫌われたくない」といった、人目を気にする気持ちがあります。

でも、**失敗するかどうかは、やってみないと分かりません**。やる前から心配ばかりして、結局やらないのは、もったいないことです。

さらにいうなら、勇気くじき思考に陥っている人は、よく「私には、踏み出す勇気はありません」といいます。でも、もし本当に勇気がないのなら、勇気くじきも起きるはずがないのです。頭のなかに「バレエをやらない理由」が次々と浮かぶのは、あなたのなかに「バレエをやってみたい」という気持ちがあるからです。それこそが、アドラー流の勇気であり、それは、すでにあなたのなかにあるのです。勇気くじきという足かせさえ外せば、勇気は自然に表に出てきます。

まずは、自分のなかの「勇気くじき」を思い出してみましょう。やらない理由が浮かぶところにこそ、真のやりたい気持ちがあるのです。

「ほめる」ことで勇気を見失ってしまうことも

もうひとつ大事な話があります。「勇気」と「ほめる」の違いについてです。

人の潜在的な力を伸ばすには、ほめることが有効だとよくいわれます。だから、みなさんのなかには、「ほめてもらえれば、勇気が出てくるのに」と思う人がいるかもしれません。

結論からいうと、**人は、ほめられても勇気を発揮できるようにはなりません**。むしろ人の評価を気にして、ほめに依存するようになってしまいます。

「ほめる」とは、親や先生、上司など、目上の人からの「評価」です。ほめられることを行動の指針にしていると、評価者の目を気にして行動する習慣が身に付いてしまいます。

また、ほめる言葉は、通常「うまくいった結果」に対して与えられます。失敗したらほめてはもらえません。つまり、ほめるという行為は「失敗はダメ」と伝えることになるのです。実際、成績がよいことをほめられて育った子どもはしばしば、失敗を恐れるあまり、前に踏み出す勇気を見失ってしまいます。それが何であれ、結果ではなくチャレンジしたことをほめることで、勇気の萌芽を育てることになるのです。

そこで、自分の「ほめ依存度」を振り返ってみましょう。上司から頼まれた仕事を提出したとき、あなたは「よくやった」とか「いい出来だ」といった結果へのほめ言葉を期待していませんか。もし、そういう言葉が出てこないことでイライラしたり、不安になったりするなら、ほめ依存気味かもしれません。ほめ依存を脱するには、勇気を育て、伸ばすことです。

10

本来の私はもっとできるはず……
↓「理想の私」をリセット

中途半端の自分に嫌悪感を抱くばかりの私はどうしたらいい？

希望していた会社の総合職に就き、忙しくも充実した日々を送るなか、昨年、学生時代から付き合っていた男性と結婚しました。「仕事も家庭も両立する」というのが、お互いに抱いていた理想なので、家事も分担しながら共働きの毎日をスタートさせました。

これまで助け合ってうまくやってきたのですが、夫婦平等に家事を分担していても、やはり細かなことに気がつくのは女性の私。そうすることで、快適な暮らしが成り立っていました。そんな折、私が責任あるチームリーダーとなり、仕事のウエイトが大きくなってしまいました。最近では、私の目が届かなくなって、家のなかは荒れ果てるばかり。おまけに仕事上の失敗も重なり、「私なら仕事も家事も完璧にこなせる」と思っていた自信が、簡単に壊れてしまいました。どちらも中途半端の自分に、イライラと嫌悪感を抱くばかりです。

「失敗しない私」という高い理想にしがみつかないで

自己嫌悪に悩んだり、自分に自信が持てないのは、あなただけではありません。ちょっとした失敗でも自分を責めたり、卑下する気持ちが強くわいてきて、「どうして私って、こうなんだろう」とうつむきがちになってしまうのが、人間というものです。

しかし、いくら自分を責めたところで失敗が消えるわけではありません。嫌な気分がふくらむだけです。「ウジウジと自分を責めるくらいなら、さっさと次の行動に移るほうがいい」と頭では分かっていても、心のなかは自分に対する嫌悪感が渦巻いていて、収拾がつかなくなってしまう。

なぜ、このような気持ちになるのでしょうか。たいていの場合、やってしまった失敗や、ときには過去の失敗にまで思いを巡らせて悔いているからです。そして**「もう失敗してはダメ！」**と考えることが多いのです。

でもじつは、この「失敗はダメ」という発想自体が、心のなかに自己嫌悪を生じさせ、その嫌悪感を居座らせる原因になるのです。失敗を受け入れられず、どこまでもダメ出しをする、あなたのなかの「完璧主義」な傾向が、自己嫌悪を生み出しているのです。

一般に「完璧主義者」といえば、仕事でも私生活でも「ビシッと決めないと気が済まない人」というイメージがあります。「それに引き換え、私なんか失敗も多くて、完璧主義なんてほど遠い」と思う人もいるでしょう。

しかし、ここでいう「完璧主義」とは、実際の行動というより、心のなかの性質を指しています。無意識のうちに思い描いた完全な理想像が心の奥にあり、そこからかけ離れた現実の自分を、受け入れがたいと感じてしまう、そんな性質です。

たとえば、料理をしていて鍋を焦がしてしまったとき、「あー、やっちゃった……」くらいなら誰でも思いますが、心のなかで完全を求める気持ちが強い人は「焦がした」という現実を、〝あり得ること〟として受け入れることができません。「料理も掃除もパーフェクトにこなす私」という高い理想が心の奥底にあり、そこから外れた自分の姿はすべて〝価値のないこと〟として否定したくなるのです。

すこし厳しい見方をすると、そんなふうに失敗を受け入れられないことで、空想の産物にすぎない「理想の私」をまるで「本当の私」であるかのように思い、「私は完璧な人間」という気分に浸っているともいえます。しかし「私、失敗しませんから」などといえるのはテレビドラマの登場人物ならともかく、現実には〝ありえない〟ことです。ですから、これは一種の現実逃避なのです。

つまり、自己嫌悪に苦しむ人は、失敗に苦しんでいるのではありません。失敗という現実を受け入れられないから、苦しいのです。「完璧な私」という高すぎる理想が、現実を受け入れがたくしているのです。

そういう心をリセットするには、まず自己嫌悪の奥に潜む「完璧主義な自分」を探してみましょう。あなたは、何か失敗をしたとき、心のなかから「いつもダメな私」とか「こんなはずじゃないのに」などというような、自分を責める声が聞こえてきませんか。それが、あなたのなかの「完璧主義者」。自分を卑下する気持ちは、完璧主義の心から生じるのです。

不完全な自分を認めて、今できることをする

人間は誰でも失敗をします。失敗から学ぶことで、人は成長できるのです。ただし、成長するためには、失敗を受け入れる必要があります。では、失敗した「不完全な自分」をどうすれば、受け入れることができるのでしょうか。それは難しいことではありません。「今の自分が、無理なくできることをする」。それだけです。

家事を例に取るなら、あなたが仕事で超多忙な毎日のなか「料理も掃除もパーフェクト」

を求めるのは、現実離れしています。「今日は、シンクまわりだけきれいにすればOK」というように、今実現可能な目標を定めて、すこしずつ実行していけばいいのです。

そんなふうに地に足がついた生活をしていると、「鍋を焦がす」ような失敗をしたときにも、「あーあ、しょうがないな」というくらいに軽く受け流せるようになります。こうなれば、少々の失敗をしても気持ちを切り替え、落ち着いて対応することができます。

そして、そんな経験を積み重ねることで、すこしずつ「失敗しても、なんとかなるものだ」という感覚が心に宿ります。不完全な自分を受け入れ、信頼するところから「自己肯定感」が生まれ、揺るぎない自分を保てるようになるのです。

完全じゃなくていい。
今の自分にできることを
実践しよう。

「理想の自分」にとらわれて今の自分を嫌っていませんか?理想にとらわれた完璧主義を手放すには、現実と向き合い、「不完全な自分」を受け入れること。それにはまず仕事、家事、人間関係などで、無理なくできることを目標に据え、一つずつ実現していきましょう。

11 相手を思いどおりに動かしたい
↓「コントロール欲求」をリセット

先輩としてアドバイスをした私は、間違っている？

私の職場の後輩A子さんは、素直で誰にも好かれる性格なのですが、うっかりミスが多いのが玉にキズ。最近では、みんなから「やれやれ」とため息混じりに見られることが多いのです。私は先輩として何とか力になりたいと思い、彼女にスムーズに流れる仕事の段取りを教えてあげました。最近では、見落としや失敗も少なくなって、よかったなと思っていたのですが……。

ある日、トイレで友だちと話しているA子さんの声を耳にしてしまいました。

「あの先輩、私のあら探しばかりしているのよ。本当に、嫌になる」

失敗続きのA子さんにとって、よかれと思ってしたことが、感謝されないばかりか、反感を買っていたなんて、信じられません。
先輩として私がやったことは、間違っていたのでしょうか？

I《アイ》（私）メッセージでアドバイスを

ミスが多い会社の後輩に仕事の段取りを教えてあげたら、「口うるさい先輩」と陰口をたたかれたり、悩んでいる友人の愚痴を聞いて、ひと言アドバイスしたら「あなたには分からないわよ！」と逆ギレされるようなことは、よくありますね。

「善意」を受け入れてもらえないのは、人間関係で心が乱される典型的なパターンです。そんなとき、私たちはよく「ありがとうもいえないの」と相手を責める気分になります。あるいは「私のいい方が悪かった？」などと自分を責めることもあります。どちらにしても、ハッピーとはほど遠い気分です。

どうして、このようなことが起こるのでしょうか。じつは、「善意」という言葉の背後には、自分では気づきにくい落とし穴があります。「支配欲」という名前の落とし穴です。これにはまってしまうと、あなたは人間関係に振り回されてしまいます。

相手を変えようとすると人間関係がおかしくなる

先ほどの後輩の例で話を進めましょう。あなたの目には、後輩の仕事のやり方に、改善したほうがいいと思える点が見えました。だから「こうしたほうがいいよ」とアドバイスした。これ自体は素晴らしい行為です。

ただ、そのときのあなたの心のなかに、こんな考えが宿っていなかったでしょうか。

「この人のやり方は〝**おかしい**〟。変えるのが〝**当然**〟だ」

あなたのアドバイスが、客観的に見て正当なものであるほど、あなたは当たり前のように、このような考えを持つでしょう。確かに、あなたが〝正しい〟のであれば、相手は〝間違っている〟わけですから、変わるべきは相手です。理屈ではそうなります。

しかし、人間の心は理屈だけでは動きません。たとえ正当ないい分でも、人から「変わりなさい！」と迫られると、誰しも反感を持つものです。

そして実際、「相手が変わるのが当然」と考えるときの人間の心のなかには、「善意」や「正しさ」といういかにも真っ当な理由の陰に、「人をいいなりにさせたい欲求＝支配欲」が紛れ込みやすいのです。自分では気づきにくいのですが、これは誰の心にもある非常に強い欲求です。すきあらば作動しようとします。後輩が反発したのは、自分に向けられたあなたの支配欲を敏感に感じて、逃れようとしたのかもしれません。

支配欲をベースに、いっぽうが他方のいいなりになる形で結ばれた人間関係は不幸です。支配された側はもちろん、支配する側も決してハッピーになれません。いじめ、パワハラ、毒母など、最近は、人間関係の問題がよく社会的な話題になりますが、そのほとんどに支配欲が絡んでいます。

私たちは、人の心を変えることはできません。**変えられるのは、自分の心だけ**です。相手を変えようとするのは、相手をいいなりにさせようとする支配欲。だから、関係がおかしくなるのです。まずは、自分の中の支配欲を見つめてみましょう。よかれと思ってやったことが裏目に出たようなとき、あなたは「相手が変わるのが当然」「感謝されて当たり前」などと思っていませんか。

「私」が主語のいい方なら支配欲が表れにくい

では、後輩にアドバイスするのはやめたほうがいいでしょうか。いいえ、それはぜひ続けましょう。いい方法があります。それは「**I（私）メッセージ**」。「I」＝「私」を主語にする方法です。

相手にアドバイスをするとき、「You」（あなた）を主語にすると、「あなたはこうすべきだ」といった支配的な表現になりがちです。いっぽう、I（私）を主語にすると、「こうするのがいいと私は思う」「こうしてくれると私はうれしい」となり、支配的な感じが薄れて、相手は聞く耳を持ちやすくなります。あなたにとっても、「あくまでも自分の意見を伝えているだけ」というスタンスになりますから、「相手が変わるべきだ」という支配欲の落とし穴にはまりにくくなるのです。

もちろん、このようないい方をしても、相手はあなたのアドバイスを聞かないかもしれません。しかしそれは仕方がないこと。聞くかどうかを決めるのは相手であり、あなたではありません。それを「仕方がない」と受け入れるのも、あなたが支配欲から逃れるために必要なことです。

12 心が揺らぐ私は弱い？
↓「強くなりたい願望」を手放す

他人の意見に左右されない自分になるには、どうしたらいい？

私は優柔不断な性格です。仕事で、新商品のデザインを決めなければなりません。はじめは自分のなかに明確なイメージがあり、デザイナーに仕事を依頼しました。しかし、デザイナーからは私の想像もしていなかったデザインがあがってきました。「自分のイメージとは違う」とはいえず、デザイナーの意見に流されて会社に持ち帰ったところ、同僚たちは「最初のイメージの方向で」と主張します。結局、その意見に流されて、またデザイナーに戻すことになり、なかなか話をまとめることができませんでした。

昔からやりたいことがあっても、いろいろ考えてなかなか始めることができない性格でした。人からすすめられると、ついそれをよいものと思ってしまいます。そんな、すぐに心の揺らぐ自分が嫌いです。人の意見に左右されない揺らがない自分になるにはどうしたらよいでしょうか?

あなたのまわりにいる人たちとの関係を見直そう

「揺らがない自分になる」

「強い心を手に入れる」

雑誌の記事などで、よくこのような見出しを見かけます。ときおり耳にする流行の音楽でも、「強くなりたい〜」というような歌詞が聞こえてきます。ちょっとしたことでイライラしたり不安になったりしない、自信をもっていられる状態。今の世の中では、「揺らがない心が欲しい」と思っている人は、かなり多いようです。

では、どうすれば揺らがない心でいられるのでしょうか。それには、「逆境でもあきらめずに頑張る」とか「他人に左右されない」といったイメージを抱くかもしれません。ですが、アドラー心理学の考え方はすこし違います。自分の心よりも、周囲との「人間関係」に目を向けます。アドラー心理学で「共同体感覚」と呼ぶ感覚を持つことです。

まわりの人は〝ライバル〟？　それともあなたの〝仲間〟？

まず、「心が揺らぐ」とはどういうことか、考えてみましょう。よくあるのは、失敗してうまくいかなかった出来事をきっかけに、気分が落ち込んでしまうパターンです。そんなとき、「めげちゃダメ。頑張らなきゃ」と思うと、往々にして自分を責める気持ちが強くなります。「失敗はダメ」というところから「失敗で揺らぐ私はダメな人」という考えになり、マイナスの思考をかえって強めてしまうのです。

いっぽう、心が揺らぎにくい人は、失敗をしたとき、まったく違う受け止め方をします。**「失敗は仕方ない。この経験を次につなげよう」**と、自然と前向きにとらえます。「揺らがないように頑張る」といった意識は、ほとんどありません。

この違いは、どこから来るのでしょうか。じつは「揺らがない心」のポイントは、人間関係のとらえ方にあります。

心が揺らぎやすい人は、自分と周囲との関係を、「評価する人・される人」のような上下関係や、「ライバル」のような敵対関係でとらえていることが多いのです。だから、周囲に弱みを見せないように頑張っていますが、ひとたび失敗すると「しまった！」とパニックに陥ったり周囲が見えなくなったりしやすいのです。

さらに、心が揺らぎにくい人は、まわりとの関係を「仲間」ととらえています。仲間ですから、誰かが失敗したときに助けるのは当然です。だから自分が失敗したときも、必要以上に深刻になりません。

まず、自分の人間関係を見直してみましょう。このとき注目するのは「雑談」です。

みなさんは、職場や家庭で雑談をしていますか。

人間関係を「仲間」ととらえているなら、実務的な会話以外に、ふとよもやま話が弾むもの。そんな心和むやりとりができていないとしたら、上下関係や敵対関係に縛られているか、自分ひとりで頑張りすぎて、まわりが見えなくなっているのかもしれません。

世の中は助け合いで成り立っているという実感

こういう「仲間としての関係をとらえる感覚」のことを、アドラー心理学では「共同体感覚」と呼んでいます。**世の中はみんな、助けたり助けられたりしながら生きていくもの**だという世界観です。これをしっかり持っている人は、どんな環境でもおおむねハッピーに生きていけるもの。これが、アドラー心理学が伝える「ハッピーな生き方」の極意です。

では、共同体感覚を自分の心に育てるには、どうすればいいのでしょうか。雑談を心がけるのもひとつの方法ですが、さらに、おすすめしたいことがあります。それは、「自分が人に助けられて生きている」ことを確認すること。

今日一日の出来事を振り返って、「人に助けてもらったこと」や「やってもらってありがたかったこと」を書き出してみてください。仕事などで直接助けてもらったことはもちろん、間接的に助けてもらっていることもたくさんあるでしょう。オフィスが今日もきれいなのは、誰かが清掃してくれているから。三度の食事も、誰かが作ったり、調理してくれた食材をいただいているのです。

ずいぶん多くの人が、あなたを助けてくれていることに気づくはずです。世の中はそんなふうに、互いに助け合うことで成り立っています。そのことを深く実感し、感謝するほど、あなたの心は揺らぎにくくなっていくのです。

13

みんなどうして協力してくれないのよ！
↓「普通（あたりまえ）信仰」をリセット

一生懸命伝えようとするほど、まわりが引いていくのはどうして？

先月、会社で新しい事業のリーダーを任されました。同僚たちと協力してその仕事を再来月までに間に合わせなければなりません。仲間に仕事を頼む機会も多いのですが、私の伝え方が悪いのか、なかなか動いてくれません。会議で私が意見をいっても、みんなに反対されてスムーズにいきません。

そんな会社でうまくいかないことがあったある日、帰宅すると部屋が散らかっていました。汚れた洗濯物も大量にあります。そこで家族に「ちょっと家事を手伝って」といったとたん、夫や子どもの機嫌が悪くなり、家のなかでもなかなか協力を得られませんでした。

私が一生懸命伝えようとすればするほど、まわりが引いていくような印象さえあります。私は何か間違っているのでしょうか。
私にはみんなが手伝ってくれない理由がぜんぜん理解できません。

自分の言葉を振り返ってみよう

あなたは、なぜみんなが自分に賛同したり手伝ったりしてくれないのか理解できずに悩んでいるのですね。一生懸命伝えようとすればするほど、まわりは退いていくようで、「私、何か間違ってる？」と、心のなかでくり返します。腹が立ったり、逆に自信を喪失することもあるでしょう。

当然のことですが、**世の中のすべての人が、あなたに協力的であるはずはありません。**ですから、賛同や協力が得られない原因をすべて自分のせいにする必要はありません。うまくいかない人とは、それなりの距離感で過ごせばいいのです。とくに職場の人間関係は、永久に続くわけではありません。今は仕方がないと割り切ることも必要です。

とはいえ、こういうことがしばしば起きているとすれば、自分に問題がないか考えてみるのも有意義でしょう。そこで、周囲の賛同や協力意欲に決定的なダメージを与えかねない、ひとつのキーワードを取り上げましょう。

それは「**普通**」という言葉です。

自分の「普通」はほかの人には通じない

「普通、こうだよね」

しばしば耳にするいい回しですが、人からこんなふうにいわれて、なんとなく不快に思ったことはありませんか。それは、「普通」という表現のなかに、**意見を押し付けたり、ほかの意見を一刀両断に否定したりするようなニュアンスがある**からです。「常識」「当然」「あり得ない」といった表現にも、同じようなニュアンスが含まれています。

それをいった人の頭のなかでは、それが「普通」で「常識」なのでしょう。ですが、何を普通と考えるかは、驚くほど個人差があります。このことに自分で気づくのは、なかなか難しいことです。他人に「普通、こうだよね」といわれた場合は「いや、そう考えない人もいるよ」と比較的冷静に判断できても、自分の頭のなかの「普通」に対しては「そう考えない人もいる」と想像するのが難しいのです。

人に何かを依頼したり意見や提案をしたりするときは、この頭のなかの「普通」が、言葉の端々にあらわれがちです。「(私と同じように)こう考えるのが当然でしょ」といいたげな姿勢が、相手には押し付けがましく伝わります。あなたの発言が賛同されにくいのは、そんな姿勢への反発もあるのかもしれません。

そこで次に、自分のなかの「普通」をチェックしてみましょう。依頼や意見を伝えようとするとき、「普通、○○するでしょ」などといいたくなる局面はありませんか。そういう部分を見つけたら、

「○○かもしれない」

といい換えてみましょう。「あり得ない」と決めつけていた選択も、言葉にしてみると、意外に〝アリ〟だと気づきやすいものです。

「普通」といいたくなるのは支配欲のあらわれかも

私は、「普通」「常識」といった表現は、日本語のなかでも危ない言葉の代表だと思っています。こういう表現を使うことで、個人的な判断があたかも絶対的なものに思えてしまう。「これが普通」という決めつけが、相手を上から見下ろし、円滑なコミュニケーションを壊すもとになるのです。

そしてここには、「支配欲」が入り込みやすいのです。相手を抑え、自分の意のままにしたいという無意識の欲求は、「普通」「常識」といった高圧的な言葉と非常に親和性が高いのです。こういう言葉を使ううちに、いつの間にかあなたの心は、相手を支配しようと

する欲求で占められてしまうのです。

さらに、支配欲に目を向けてみましょう。あなたは、「普通はこう」「これは常識」といったいい方で、相手を抑え込もうとしていないでしょうか。

何かを依頼するなら、

「こうしてもらえるとうれしい」

提案するなら、

「これがいいと私は思うけれど、どうかな」

といったいい方でも伝わるはずです。それなのに、こういういい方ができなかったり何か物足りないような気がしたりするようなら、それはあなたの心が相手に対する支配欲に駆られているからかもしれません。衝突したり反発されたりすることが多い人は、自分の言葉を振り返ってみるとよいでしょう。

あなたの中の「普通」「常識」を探して
言い換えてみよう。

あなたが「普通」「常識」「当然」と思っていることは、本当にそうでしょうか。「普通○○するでしょ？」と言いたくなる場面に出合ったら、「○○しないかもしれない」「○○しないこともある」などと言い換えてみましょう。自分の「普通」は、意外に狭い「思い込み」と気がつくかもしれません。

14 私、こんな嫌な人だったっけ→「強すぎる自分の欲求」をリセット

私、いつから、こんな嫌な人になったのかしら？

いつもの朝の、混雑した通勤時間でのことです。駅の自動改札を通り抜けようとしたところ、目の前の年輩の女性がまごついていて、なかなか前に進めません。イライラした私は、「急いでいるのに！」と思わず舌打ちをしてしまいました。その女性は、私の舌打ちが聞こえたのか、振り返るとすまなそうにお辞儀をして去っていきました。

会社に着いてデスクの前に座っても、混雑した駅の雑踏で戸惑っていた年輩の女性にあんな態度をとった自分を、情けない思いで反省してしまいました。

最近、仕事もハードで、友人関係もうまくいっていないせいか、あらゆることが

ギクシャクしています。ささいなことでも自分の思いどおりにならないと、イライラしてしまう自分に「私、いつから、こんな嫌な人になったのかしら?」。自責の思いを抱く毎日です。

自分の心のなかにある「思いやる気持ち」に気づこう

私たちはみんな「ああしたい」「こうしたい」という欲望を持って生きています。仕事や勉強を頑張っているときは、こうした欲望がモチベーションとなることもあり、人間の成長を後押しする大切な要素ともいえます。

ただ、欲望が強くなりすぎると、人のことを顧みない身勝手な行動をとることもあります。あなたのように、自動改札でまごつく年輩の女性に対して舌打ちをしたくなるのは、自分の欲望を遮られたことへの反応と考えられます。

では、あなたがそんな自分を「嫌な人」と感じるのは、なぜでしょうか。それは、私たちの心のなかには「**他者を思いやる気持ち**」も、当たり前のようにあるからです。

人間は、集団で生きる動物です。人より強い動物はいくらでもいますが、人類は組織的に行動する知恵によってほかの動物より劣る非力を補い、自然界の生存競争を生き抜いてきました。私たちの祖先が巨大なマンモスをも狩ることができたのは、ひとえに卓越した集団的な行動力のおかげでしょう。

集団で動くには、他者の心を推し量る必要があります。仲間の意図を汲み、仲間に貢献しようとするのは、人間を人間たらしめた根源的な性質です。これが「思いやる心」の原点なのです。

ここで「仲間」という表現を使いました。狩猟生活をしていた人類の祖先にとっては、仲間といえば、ともに狩りをするメンバーのことだったでしょう。ですが、私たちが暮らす現代の社会は、もうすこし複雑です。家族や親戚、職場の同僚、近隣住人、学生時代からの友人やママ友といった、さまざまなつながりがあります。さらに、高校野球で自分の出身地のチームが活躍すれば、郷土の血が騒ぐし、オリンピックで日本代表選手が活躍していれば、日本人というくくりを意識して応援するでしょう。ここにも、一種の仲間意識があります。

「仲間」のために自分がどんな貢献をしているかを書き出してみよう

人間関係を仲間のようにとらえる感覚のことを、アドラー心理学では「共同体感覚」と呼びます。その感覚でつながる母集団が「共同体」であり、私たちはみな、さまざまな共同体に属しています。試しに自分がどんな共同体に属しているか考えてみてください。普段は家族や職場しか見えていなくても、地域や国など、その範囲は広いはずです。

ここで、悩みを抱えたあなたの話に戻りましょう。改札を通り抜けようとしたあなたは、なぜ急いでいたのでしょう。寄りたいお店があったからでしょうか。だとしたら、自分が「こうしたい」という欲望が強くなりすぎていたかもしれません。

あるいは、会議に間に合うように急いでいたから？　この場合、「職場」という仲間の事情は思いやっていましたが、目の前の人を思いやる気持ちは吹っ飛んでしまったと考えられます。

仲間を思いやる気持ちは、誰の心にもあります。ただ、多様な共同体のうち、どこまでを「仲間」と感じるかは個人差があります。人類全体を包むような広い心を持った人もいれば、自分の職場ぐらいしか見えない人もいるのです。

仲間ととらえる範囲が広ければ広いほど、さまざまな形で世の中に貢献できます。そして、そこから得られる「私は世の中に貢献している」という実感が、自己肯定感につながるのです。

あなたはもう、自動改札でまごついている女性に舌打ちした自分を、なぜ嫌な人と感じたか、お分かりですね。自分や狭い範囲の仲間の都合だけで、ほかの誰かを責める自分の身勝手さに気づいたからです。

共同体感覚は「育てる」もの。仲間と感じて思いやる相手の範囲を広げるには、心を育てる必要があるのです。

そこで、さまざまな共同体で自分がどんな貢献をしているかを書き出してみましょう。たとえば、住んでいる地域なら、ゴミ分別に気を配る、近所の人に挨拶するなどの行動はしているはず。小さなことでも、ほとんどの人は無意識のうちに、いろいろと貢献的な行動をしています。それを「貢献」と自覚することで、自分の心のなかにある「思いやる気持ち」に気がつくのです。そんな積み重ねが、豊かな共同体感覚を育みます。

15

分かっているけど行動できない
↓「勇気くじき思考」をリセット

心のなかにある「やる気」に火を点けるには？

私はひとりっ子です。子どもの頃は祖父母と両親の庇護のもと、誰と喧嘩することもなくのんびりと育ちました。おとなになった今も、内弁慶で引っ込み思案の傾向が消えません。

高校では、練習が厳しいブラスバンド部に入りたいと思ったのですが、「こんな私に続くはずがない。みんなの足を引っ張るだけ」と悩んだ末に諦めました。会社に入ってからは、やりたい仕事があっても失敗するのが怖くて、「私にやらせてください」と自分から手を挙げることができません。

心のなかにある「やる気」に火が点けられないままで、私のエネルギーは無駄になってしまうのでしょうか。「なんとか前に出よう」と決心するのですが、どうしてもできないのです。自分の不甲斐なさにウンザリしています。

「勇気くじき」を「自己肯定」へ切り替えよう

アドラー流の勇気とは「**行動しようとする力**」のこと。まさに、あなたは自分に勇気が持てずに、ずっと悩んでいるのですね。人生に休息も必要ですが、いつまでもやる気が持てないのは困ります。

この「勇気くじき」は、どこからやってくるのでしょうか。たとえば、仕事で大きなミスをしてしまったり、手痛い失恋をしてしまったりすると、自分のことを「こんなミスをするなんて許せない」とか、「私が魅力のないダメな人間だから、彼が去っていったんだ」などと厳しく責めます。こんなところから、勇気くじきが始まるのです。

しかし、あなたは本当にダメな人なのでしょうか。

掃除や洗濯など身辺整理がいつもきちんとしていて、「さすが、おじいさん、おばあさんに育てられた人はきちんとしていますね」とほめられたことはありませんか。大勢の人の前に出て、自分をアピールするのが苦手でも、家のなかできちんとした暮らしができるのは素晴らしいことです。自分の価値を正当に認識するのは難しいことですが、あなた自身がまだ気がついていない素晴らしいところがたくさんあるのです。

勇気くじきから脱するには、「どうせ私なんか」という自己否定を、「自分もなかなかなものだ」という自己肯定へ切り替える必要があります。

「**なかなかな自分**」を見つけるのです。

これまでの人生で「壁を越えた」経験を思い出してみる

自己否定を自己肯定に切り替えるために、あなたの「過去のブレークスルー体験」を思い出してみましょう。ブランスバンド部は諦めたけれど、ほかのクラブに入って充実した時間を過ごした思い出はありませんか。家庭生活や仕事、何でもかまわないので、今までの人生で、「あのときはやり遂げた」と達成感を感じた経験を探してください。

勇気くじきに陥ったときは、「どうせ何をやってもうまくいかない」といった、投げやりな思い込みにはまりがちです。そんなとき、「いや、あんなふうにやり遂げたこともある」と思い出すことで、投げやりな思い込みから抜け出すことができます。「そんなすごい経験、私にはありません」と思ったあなたこそ、視点の切り替えが必要です。

「やり遂げた」ことは**成功した体験とは限りません**。

むしろ自分のなかで「失敗」「トラウマ」「コンプレックス」などと位置付けられている

経験を思い出してみてください。そんな数々の困難を越えて、あなたは今、生きているのです。これは、なかなかなものだと思いませんか。そういうことも、立派に「壁を越えた」経験だと、私は思います。

次に、自分が〝みんな〟のためにできることを具体的に考えてみましょう。誰にでも得意なことがあります。黙々とパソコン作業をするのが得意な人もいれば、「幹事役は私に任せて」と、旅行や飲み会の世話係を買って出る人もいるでしょう。

あなたの職場や家庭、友人などの間で、「自分の得意なことを生かして、みんなに貢献するには何をすればいいか?」を考えて、実行してみるのです。もちろん完璧でなくてかまいません。できる範囲でいいのです。

互いに勇気づけし合う関係を築いていく

これまでにお話しした二つのことには、意味があります。

一つは、今、あなたができる**行動を具体化する**ことで、勇気=「行動しようとする力」を出しやすくなるのです。漠然と「やる気を出さなきゃ」と思っているだけでは、実際に力は出しにくいものです。まず、何をやってみるかを自分自身で明確にすることが大切です。

もう一つは、〝みんな〟があなたに「ありがとう」といってくれる機会を増やすことです。「ありがとう」という言葉には人を勇気づける力がありますから、周囲があなたを勇気づけてくれることになるでしょう。そうして、身近な人と互いに「ありがとう」を交換し、勇気づけし合う関係を築いていくのです。

行動しようとする力は、「自分にはできることがある」という自己への信頼感から生まれます。

自分の得意なことを生かして、〝みんな〟のために何ができるか考え、できるところから実践してみましょう。そうして周りから感謝されれば、長年自分のことを「引っ込み思案で内気」と思っていたあなたも、最初の一歩を踏み出す勇気が自然とわいてくるようになると思います。

これまでの人生で「壁を越えた」経験を
思い出してみよう。

自分の人生の中で、「あそこで壁を越えた」と感じる経験を探してみましょう。成功体験とは限りません。むしろ失敗を通じて得たものが、今の自分を支えていると気づく人も多いはずです。勇気くじきにはまったとき、そんな体験を思いだせば、「今回もきっとなんとかなる」と思えます。

16

あの人が悪い、世の中が悪い
↓「私は悪くない心理」をリセット

こんなに頑張っている私が、なぜ報われないの？

私がいちばんイライラするのは、夫の態度です。

私だって昼間は家事と育児に忙しくしているので、ママ友とのちょっとしたトラブルなど相談したいことはあります。それなのに帰宅した夫は、「働いて疲れて帰ってきたんだから、そんなつまらない愚痴を聞かせるな」のひとこと。いつも自分だけが疲れているような口ぶりで話します。

私が用意した食事や、洗濯しておいた下着やパジャマだって、そこにあるのが当たり前のように思っていて、感謝や気遣いの言葉などありません。休日にふたりでいるときも、スマホを触っていて生返事ばかり。本当にイライラします。

出産を機に会社を辞めて専業主婦になった私は、子育てが一段落したら仕事に復帰したいと思っているのですが、ずっと働いている友人からは「今さら職場復帰なんて甘い」といわれてしまいました。

確かに、ブランクがある一児の母に、正社員の道は遠いのが今の世の中です。私は会社員としても、出産後は妻として母としても、そのときどきに自分ができることを最大限に頑張ってきたつもりです。それなのに、夫にも、世の中にも報われないなんて、これからどうしたらいいのかと不安になります。

あなたが変われば、相手も変わる

子育てに奮闘中の専業主婦のあなたは、会社で働いている「自分だけが疲れている」というご主人の態度にイライラしています。そして、ある程度お子さんが成長したら仕事に復帰したいと考えているのに、今の世の中、いったん仕事を辞めた子どものいる女性の就職はなかなか難しく、焦りに近い気持ちもあるのでしょう。

まずは、あなたが変えたいと思っているご主人の態度ですが、相手を変えるのはなかなか難しいこと。自分以外の人間を変えたいという気持ちのなかには、支配欲があります。ですから、**私たちができるのは「自分を変える」こと**。そうすると、あなたがどうにもならずに真っ暗だと思っている現状も開けてきて、いろいろなものが見えてくるものです。

自分が変われば、相手も変わります。

帰宅したご主人に「もっと早く帰ってきて、子どもをお風呂にぐらい入れてよ」とか「私の話なんか、ぜんぜん聞いてくれないじゃない」と文句ばっかりいっていては、あなたの望まない結果を招くだけです。それより、イライラする自分の気持ちをシフトして、あなた自身の態度を変えてみることです。

たとえば、ご主人が帰ってきたら「ご苦労さま。お風呂、沸いているわよ」と、やさしく迎えて、夕食にはビールでも付けてみてはどうでしょう。意識的に「不平不満をいう」のを「サービスする」ことに変えることで、お互いにハッピーな気持ちになり、ご主人との関係も変わってくるはずです。ご主人も「じつは今仕事が大変で、家庭のことを考える余裕がないんだ。ごめんね」と本心を語ってくれるかもしれません。

「お願い上手」になって、人間関係を円滑に

これまで、あなたが出会ってきた人のなかに、「命令」はできても「お願い」ができない人はいませんか。そういう人は、得てして相手に高飛車な印象を与えます。相手が誰であっても、人に何かを頼むときは、頼み方が重要なのです。あなたが、ご主人に家事や育

児を協力してもらいたければ、手伝ってくれるような頼み方をしましょう。まずは「お願い上手」になることをおすすめします。

「お願い上手」とは、相手が自分で「やるか、どうか」を決める自由も用意したうえで、お願いをすること。たとえば「よければ、やってくれる？」とか、「洗濯と掃除、どっちかやってくれると助かるんだけど」といった感じです。

自分が何かを頼まれたときに、「わかった、やるわ」と快く引き受けられたのは、相手がどのような言い方をしてくれたからかを思いだしてみてください。こんなやりとりひとつで、人間関係は円滑になるものです。

さて、「出産後の女性がスムーズに職場復帰できないなんて、世の中が悪い」と思っているあなた。もちろん保育園の不足など、働く母親のための環境が整っていないところもあるでしょう。しかし、働く母親が増えたことで「子育ては、自分のキャリアのついで」と考える傾向もどこかにあるのではないでしょうか。

総合職で課長や部長に昇進することと、ひとりの子どもを一人前の人間になるよう育てあげることは、どちらが上とか下とかの問題ではありません。同じくらいの価値と意味がある大切なことなのです。

私は、あえて子どもの立場になって代弁しますが、子どもがいちばん安心して成長できるのは、母親のもとで、なのです。

確かに、保育園の先生も素晴らしいかたたちが多く、働く親たちにとって絶大な味方ですが、心の成長という観点から見れば、母親とは役割が違います。今、お母さんが育ててくれている子どもたちが、あと一〇年、二〇年後には、この国の担い手になります。ですから、きちんと子どもを育てないと、この国の将来は危ういものになります。それだけ、子育ては重要なのであり、世間の人たちも、子育てしている母親をもっと尊敬しなくてはなりません。

ですから、あなたは一日も早く職場復帰をしなくてはと焦る必要はありません。

今、子どもと一緒にいる時間をかけがえのないものと大切にしてください。そして、万一、正社員に戻ることができなくても、子育ての経験を生かすなど、あなたができる「仕事」はたくさんあるはずです。

関係を変えるには、まず自分が変わる。

イライラしているときは、相手を責める気分に陥りがち。でも相手を変えるのはなかなか難しいことです。不快な関係を少しでもよくするため、現実的にできることをやりましょう。自力で変えられるのは自分しかありませんから、まずは自分が変わるのです。自分が変われば、相手も変わります。そんなお願い上手な人になって人間関係を円滑にしていきましょう。

17

自分の責任分はやってます、文句ないでしょ？
↓「おひとりさま心理」をリセット

人に迷惑をかけない私のどこが悪いの？

私は子どもの頃から、「他人に迷惑をかけないように」と親にいわれて育ちました。「自分の力ではちょっと無理かも」というようなことも、そのつど頑張ってやってきたので、今の自分があると思います。結婚はまだですが、会社内では上司からも頼りにされるOLとして、毎日充実した気持ちで働いていました。

ところが、最近、うちの部署に入ってきた後輩が、仕事もできなければ気働きもできないという「使えない」女の子なのです。

そう、彼女の武器はまさに「女の子」。男性社員や上司たちが、彼女の仕事のミスも「若くて可愛いこと」で許しているような態度には許せないものがあります。

そんなこんなで、最近は会社に行くのもなんだかつまらなくなり、自分のやるべきことだけをしっかりこなして定時には帰る毎日です。本来の私は仕事が好きなはずだったのですが、自分の責任分も果たさないでチャラチャラしている後輩にイライラするばかり。そんな後輩にイライラしてばかりいる自分にも、ウンザリしています。

「生きる」とは、人に迷惑をかけること

あなたは、ご両親からの教育もあって「人に迷惑をかけないこと」をいちばん重要だと考えて、これまで生きてこられたようですね。

でも、よく考えてみてください。

私たち人間は、**人に迷惑をかけずに生きるなんてことはできない**のです。生きるために必要な食料ひとつをとっても、生産者や供給者がいて私たちの食卓に届くのであり、何より自然界から大切な生命をいただいているのです。

私たちは、目の前には見えないたくさんの人たちに支えられて生きています。大切なのは、人に迷惑をかけないことではなく、どうすればあなたが人のためになるような生き方ができるかを考えることです。

最近、なんでもかんでもひとりでこなせる「おひとりさま」の女性が増えているようで

すが、人間はつねにほかの人との関係性のなかで生きています。ですからその裏側を見ると、「私、ずっとおひとりさまでいいの」と思っている人は、どこかで他人をいつも意識しているともいえます。

アドラー心理学では「人間は、対人関係のなかで生きている」と考えます。まずは家族という関係からさまざまなことを学び、孤立して生きるのは不可能であることを知るのです。本当の「個人主義」とは、対人関係のなかで、お互いに相手の存在を認めることであり、ひとりで勝手なことをすることではないのです。

「私はひとりでは生きていけない。他人との関係のなかで生きている」と認識することで、「おひとりさま心理」がリセットされます。

「ほめ上手」とは勇気づけができること

あなたが、ほかの人のためになるようなお返しは、まわりを探してみればいろいろあるはずです。たとえば、仕事の経験がなくて未熟な後輩と対立するのではなく、先輩として仕事を教えてあげるのです。「彼女はやる気がないから、そんなこと無理」と思っているのならば、後輩があなたに「仕事を教えてください」と頼んでくるような関係を作りましょう。

若さを売りにチャラチャラしているのが気にさわるようですが、そこをほめてあげるのもいいかもしれません。朝、顔を合わせたら「おはよう。そのスカーフの色、若々しいあなたに似合っているわ」と明るくいってみると、後輩からも「おはようございます」と、いつもと違った笑顔の反応が返ってくるはずです。

「おひとりさまでいい」と思っている人のなかには、ほめるのが下手な人がいるかもしれません。アドラー心理学の特徴として、ほめる場合は、「やさしいね」「かわいいね」ではなく、「あなたの挨拶、とっても気持ちがよかった。ありがとう」と、挨拶の仕方、すなわち**行動をほめる**のです。「あなたは、とてもやさしい人ね」というような主観的評価は、人によって違いますが、行為や行動は誰が見ても同じです。

あなたが後輩に、「あなたが〝おはよう〟と明るくいってくれたことを喜んでいる」と伝えれば、その行為は続くのです。すなわち、アドラー心理学の「人をほめることは、勇気づけをすること」という基本の考え方では、「勇気づけ」とは人格の評価ではなく、行動の評価と考えます。

「昨夜は、遅くまで仕事を頑張ってくれたから、決算のためのデータが完璧に揃ったわ。ありがとう」と「いい行為」をほめることが、いちばんの勇気づけになるのです。

「先輩に仕事を認められた。明日も頑張ろう」と思ってくれれば、お互いに職場の雰囲気も明るくなります。

あなたはきちんと仕事をこなし、後輩の指導もできる優秀な人です。ですから、上司たちが、仕事の出来不出来よりも後輩ＯＬの若さを認めてもいいではありませんか。それより、自分のよさを認めてもらうような努力をすべきです。

あなたはもともと、上司から信頼を得ている人なのですから、社内ではゆったり構えておおらかでいることをおすすめします。

18

自立した人になりたい、でも、寂しい→「こじれた自立願望」をリセット

ひとりでいると孤独感におそわれる私は、どうしたらいい？

働き盛りの夫は毎晩遅くまで仕事をしていますが、必要なときはメールで連絡を取り合ったり、週末にはふたりで出掛けることもあるので、夫婦仲はよいほうだと思っています。ふたりいる娘とも良好な関係ですが、それぞれ大学生、高校生になってからは、バイトの時間や友だちとの約束が増えて、夜にならないと帰ってきません。私自身もパートで週三日働き、たまには友人とランチやショッピングをすることがあるのですが、最近、そういうことをしていてもまったく楽しくないし、充実感が味わえないのです。

家族みんなが元気で、それぞれが充実した毎日を過ごしていることは、ありがた

いと思うのですが、日が暮れて家にひとりでいると、今までに味わったことがない孤独感におそわれることがあります。

これまで家族の世話に追われる毎日のなかで、「ひとりの人間としてどう生きていけばいいのか」など考えたこともありませんでした。今はそれぞれ自立し始めた家族のなかで、「これから私はどうなるの」と不安な気持ちでいっぱいです。私も「自立した人間にならなくては」と思うのですが、この年齢になってからどうすればよいのかと、戸惑うばかりで具体的に前に進むことができません。

人間は、三日もあれば人生を変えることができる

「自立しなければ」と焦燥感にとらわれているあなた、まずアドラー心理学的に「自立とは何か」を考えてみましょう。

自立には二種類あり、ひとつは「セルフコントロール（Self Control）」と呼ばれるもので、自分で自分を律する自律です。ふたつめは「インディペンデント（Independent）」で、ある依存から自分を切り離して独立する自立です。

人間は基本的に自分勝手でわがままな生き物ですから、一番目に挙げた「セルフコントロール」はとても重要です。自分の欲望を実現するために他人とぶつかり合ってばかりで

は、お互いにいい関係にはなりません。そこで、私たちは成長の過程で「自分の欲望をどうコントロールするか」を学ばなくてはならないのです。

セルフコントロールできる人間になるためには、我慢することが大切であり、子育てのうえでも「我慢」を教えなくてはなりません。「我慢する」ということは、諦めるのではなく、今、手に入らなくても、時間が経過すれば手に入ることを理解することです。お菓子を欲しがっている子どもに「今はダメだけれど、三時のおやつになったらね」と我慢させます。そして、三時になって「よく我慢できたね」とほめてあげると、その我慢が行為として身に付くのです。

また、我慢は創造力や空想力を育てます。たとえば、子どもが欲しがっている玩具を誕生日まで待つように話しましょう。すると子どもは「買ってもらったら、Kくんと一緒にあそぼう」というように、いろいろな未来を空想する力を育てます。この日常のささやかな思いが積み重なって、未来を語ることができる子になるのです。

あなたは立派なおとななので、我慢してもなかなかほめてもらえないかもしれません。そういうときは、自分で「我慢した自分」をほめてあげればいいのです。上等のワインを買うとか、プレミアムチケットを手に入れるとか「自分へのごほうび」も、もちろんいいことです。

このセルフコントロールは、年齢にはまったく関係ありません。

アドラーは「**人間は三日もあれば、人生を変えることができる**」といっています。あなたは、自分の人生をいつでも変えることができます。今、まさに決心できるかどうかが問題なのです。

独立によって、人間関係を再構築する

二番目に挙げた「インディペンデント=独立」は、ほかの人との関係性のなかにあります。

あなたは、ご主人とふたりの娘さんが「独立」したことを寂しく思いながらも、その事実を認めようとしています。

そうなのです。自分が独立するためには、他者の独立も認めなくてはなりません。そのうえで、あなた自身も社会に何か関わるようなことをして「独立」すればいいのです。子どもに「読み聞かせ」をするボランティアや、新しい趣味にチャレンジするなど、できることはいろいろあるはずです。そうすれば、自分だけ置いてけぼりにされているように感じることはなくなります。

日が暮れた室内でひとり悩むあなたは、孤独でつらい毎日を送っていることでしょう。

しかし、悩むことは決して無価値ではなく、人間を成長させてくれるものです。悩みに悩

んで、そこから突き抜けたときに、人生ははじめて豊かなものになるのではないでしょうか。

晴れの日も雨の日も、あなたが家族を温かく支えてきたことで、それぞれが独立しました。その姿を見て「よかった」と思い、今までどおりに家事に専念することもひとつの選択です。

重要なのは、あなたが置かれている状況ではなく、それに対してどのような選択をし、反応をするかということです。

別のいい方をすれば、今、あなたがモヤモヤしているのは、あなたがモヤモヤしていることを選択しているだけです。それを乗りこえれば、次の段階に進むことができます。

自分の人生を変えるのに、遅すぎるということは決してありません。

悩むことは、人間を成長させてくれる。

あなたが孤独でつらい毎日を送っていたとしても、決して無駄なことではありません。そして、自分も何か社会に関わるようなことをして「独立」すれば、自分だけ置いてきぼりにされているように感じることはなくなるでしょう。アドラーは「人間は、三日もあれば人生を変えることができる」ともいっています。

19
幸せそうな友だちを見るのが複雑……
↓「どうして私じゃないのよ心理」をリセット

ささいなことでも落ち込む妊活中の私は、どうしたらいい？

結婚して三年が過ぎても子どもに恵まれない私たち夫婦は、現在、妊活中です。夫婦間のプライベートなことなので、妊活していることは周囲には話していません。

焦らず前向きにと話し合ってはいるのですが、なかなか妊娠しないと「私は不妊症ではないかしら」と不安になります。そして、私より遅く結婚した友人からオメデタの知らせを受けると、「どうして、私だけ子どもができないのだろう」と絶望感におそわれます。そんな毎日を過ごしていると、こんなにネガティブになってしまう自分自身に自己嫌悪さえ感じるようになりました。

正直、妊活中の今は、子どもに恵まれて幸せそうな友だちに会うのはつらいのです。

メールで可愛い子どもの写真などが送られてくると、落ち込んで返信することもできません。こんな不安定な気持ちのままでは、子どもも授からないのではないかとますます落ち込んでしまいます。

他人と比較してその幸福度をはかる必要などない

赤ちゃんが欲しいと思うのは当然のことですが、あなたにまず考えてほしいのは「なぜそれほどまでに子どもが欲しいのか」ということです。「子どもを育てるという経験をしたい」とか「自分の血がつながっている家族が欲しい」など、その理由はいろいろあると思います。けれども「子は天からの授かりもの」という言葉もあるように、どんなに望んでも子どもに恵まれない場合もあるかもしれません。

今のところ、お子さんに恵まれるチャンスがないのは残念なことですが、それはたまたま運がないだけ。子どもを産んだか、産まないかだけが、女性の価値ではありません。そのことだけにとらわれて、友だちに子どもができたことで自分を責めなくてもいいのです。**子どもを産んで育てるためだけに、女性は生まれてきたわけではない**のです。たとえ、妊活がうまくいかなかったとしても、自分が大切に思えるほかの何かを作ればいいのです。

世間では「お子さん、まだ?」と無遠慮に聞いてくる人がいるかもしれませんが、そういうときは「はっはっは」と笑って聞き流せばいいのです。ついつい女性の生き方として「母親となる」ことにとらわれそうになるときは、**「母親としての生き方もある」くらいに考えておくこと**です。

子どもを産むことはもちろん大切ですが、人生には、それ以外にも大切なことがたくさんあります。妊活中ではありますがそれだけに縛られるのではなく、あなたが「女性として、人間として輝けることはいっぱいある」という事実を思い出して、どんな小さなことでもいいですから、それを探すための行動もしてみましょう。

大切なのは夫の態度

あなたは「夫婦間のプライベートなことなので、妊活中であることは周囲には話していない」といっていますが、もちろんこのことを他人に打ち明けても、黙ったままでも、どちらでもいいのです。しかし、そう思うあなたのなかに「赤ちゃんができない自分が恥ずかしい」とか「子どもができないことで、ひがんでいるように思われるかもしれない」という気持ちがあるのかもしれません。

でも「子どもだけが、私の人生ではない」と思えたときに、友だちにも自然に「子どもができないの」といえるかもしれません。意外にも、子どもを産んだ友だちから「じつは、私も不妊治療をして産んだのよ」と、親身になって相談にのってくれることがあるかもしれません。

妊活中の女性が陥りやすい「子どもが欲しいのに、どうして私だけ授からないの」という焦りや苛立ちをリセットするとき、大切なのはご主人の存在です。ご主人が「きみに子どもを作って欲しくて結婚したんじゃないよ。きみと一緒に人生を生きていきたかったからだよ」と、寄り添ってあげられるとよいですね。奥さんの気持ちも理解せずに「どうしても子どもが欲しいから、早く産んで」といいはなつようなご主人は、ある意味で残酷です。

結婚とは、子どもを作ることではなくて、結ばれたふたりがどう協力しあって、人生を生きていくかがいちばんのポイントです。

万が一、子どもに恵まれなくても、お互いに協力しあって「子どものいない夫婦」という人生を生きていけばいいのです。「どうしても、子どもを育てる経験がしたい」と思うならば、養子縁組という選択もあります。たとえ実子ではなくても、子どもを育ててその成長から多くのことを学んだという人たちも大勢います。

私の友人夫婦は、子どもがいないので、「やれ受験だ、就職だ」と子どもの進路のことで心配をすることもなく七〇歳を迎えて、いまでも仲良く海外旅行を楽しんでいます。

人生はひとそれぞれです。他人と比較して、その幸福度をはかる必要などないのです。

20

あっちのほうがよかったかも……
↓「隣の芝生が青い心理」をリセット

元カレのブログをついつい見てしまう私は、どうしたらいい？

ある日、たまたまインターネットで検索をしていたところ、学生時代の恋人だった男性のブログに遭遇してしまいました。別れてから一五年が経ち、私自身も平凡ですが幸せな家庭を築いているので、最初は懐かしい気持ちでブログを覗いてみました。

ところが、広い庭がある大きな家に家族で暮らしていて、週末には山小屋で自然を満喫……という優雅な生活をしている様子。別れたいちばんの原因でもあった、あの「優柔不断でネクラ」だった男がなぜ？　と、驚くばかりでした。彼の名前で改めて検索したところ、起業した会社が成功している事実も分かりました。

狭いながらも、家族が健康で楽しく暮らす我が家がいちばんと心では思っているのですが、ついつい更新されたブログを読んでは、ため息をつくばかりの私。「あのとき別れずに結婚していれば、今ごろは……」と考えることもあります。こんな気持ちをリセットするには、どうしたらいいのでしょうか。

人間は「ない物ねだりをする」心のクセがある

かつての恋人を「優柔不断」だと判断して、別れたあなた。今、こうしてブログを見ているあなた自身が、優柔不断ではないでしょうか。

たまたま見つけたブログですが、そんなもの読んでもしかたがないので読まないことです。……といってしまっては、あまりに簡単に話が終わってしまうので、「なぜ、あなたは元カレのブログをついつい見てしまうのか」を考えてみましょう。

ベルギーの作家メーテルリンクが書いた『青い鳥』のお話をご存じでしょうか。貧しい家に暮らすチルチルとミチルの兄妹は、ある日、魔法使いのおばあさんに頼まれて、幸せの「青い鳥」を探しに出る物語です。幼い兄妹はさまざまな経験をした果てに、「青い鳥は、自分たちが飼っていた鳥」であったことを知るのです。「隣の芝生は青く見える」という言葉もありますが、他人のことをうらやましがってばかりいると、身近にある本当の幸せを見過ごしてしまうという教えです。

かつて、八〇年代前半に、自分が置かれている現在の状況を直視せずに「今よりもっといい仕事」「もっと良い恋人がいるはず」と、いつまでも夢を追い続けている若者たちが「青い鳥症候群」と呼ばれたのを覚えているかたもいるでしょう。

人間には「ない物ねだりをする」心のクセがあります。心のクセについてはすでにお話ししましたが、そこに執着して同じようなことをくり返してしまう傾向です。まずは、この心のクセをとおして何を得ようとしているかを考えてみましょう。

あなたは「ついついブログ」を見てしまうようですが、それは今の自分の家庭に不満を持っているのかもしれません。あるいは「成功した家庭生活」というものに憧れがあるのかもしれないし、元恋人がやはりいいのかもしれません。とにかくウジウジ悩んでいては、あなたが「平凡ですが幸せな家庭」と実感できる今の人生を失うことにもなりかねません。

人は、今の幸せを実感できなければ、あちらの人生もこちらの人生も生きることはできません。ですから、今ある現状のなかで生きていくか、命がけの挑戦をするかは、あなた自身が決めなくてはならないのです。

「青い鳥」はどこにいるかを見極める

離婚の相談にいらっしゃるご夫婦に、まず私は「別れる方向でお考えですか。あるいは仲良くなる方向ですか」と聞くことにしています。私のところに相談にお見えになるくらいですから、ほとんどのかたはまた仲良くなる方向へ行きたいという方が多いです。

そこで次に、結婚前から結婚して二、三年くらいまでのことを思い出して、いろいろ話していただきます。現在のふたりは喧嘩をしてばかりいますが、その頃は誰もがハネムーンの時期なのです。「付き合っていたときは、デートのたびに毎回、家まで送ってくれた」とか「子どもが生まれたとき、涙を流してふたりで喜んだ」とか、不思議なことに細かなことまで思い出せるものです。

具体的なイメージが浮かんで心に響いてくるものがあると、「あそこもダメ」「ここもダメ」と思ってばかりいたのが、うれしかったことや幸せに感じた出来事がふたりの間にはけっこうあることに気がつくのです。

どのような夫婦あるいは恋人でも、最初の二、三年は素晴らしいハネムーンの時期を過ごしたという事実をもっと知るべきでしょう。いったん関係がこじれてしまうと、お互いに嫌な面ばかりを突きあって、どんどん状況が悪くなるだけです。それより「あのとき、あんなに愛せていたのだ」ということに気づくと、今の相手も愛せるようになるかもしれません。

現在のご主人を選んで結婚をし、これまで妻として母として家庭を築いてきたあなたは、家族で過ごしてきた時間を振り返ってみてはいかがでしょうか。アルバムを見ながら思い出すのでもいいですし、「うれしかったこと」「楽しかったこと」「大変だったけど乗りこえてきたこと」をノートに書き出してみるのもいいでしょう。

あなたの「青い鳥」は、ご自分とご主人、お子さんたちが作ってきたものであることに気づき、そこから達成感が得られるはずです。自分の家庭にも素敵なことがたくさんあると思うことが大切です。

21

いつかきっと白馬の王子さまが……
↓「ラッキーを待つ心理」をリセット

母と家業を守りたてるか、結婚すべきか悩んでいるのですが？

私の家は祖父の代から続いている家業がありますが、父が早くに亡くなったので、現在は母とひとり娘の私とで店を守っています。

二〇代前半の頃にお見合いをして、婿養子になってくれる男性と婚約しました。ところが結婚式直前、その男性のいったひとことが母の逆鱗に触れて破談になってしまいました。彼とは相性もよかったのですが、これから先、母と一緒に家業を守りたてていくには無理と思い、私も婚約解消を承知したのでした。

あれから一〇年以上が経ち、何度もお見合いをしてお付き合いをしているのですが、破談のときの母の言動を思い出すと、結婚に踏み切れません。そんな私を見て、最近では母も反省しているのか「家のことより、自分の気持ちを第一に考えて結婚相手を決めなさい」といってくれます。ようやく母との二人三脚で家業も順調に成長しつつある今、「結婚をして、あえて第三者が介入する必要はない」と思うこともあります。

「こんなに一生懸命家業を支えて頑張っている私には、いつかきっと自分にも母にもぴったりの男性が現れるに違いない」とできるだけ楽天的に考えるようにしていますが、正直、母がいなくなったときのことを考えると、不安な気持ちでいっぱいです。

ハッピーに気づかず、ラッキーを期待していてはダメ

将来、あなたのところへ素敵な白馬の王子さまがやってくるかどうかは、予知能力でもないかぎり分からないことです。それより、今のあなたにとって、結婚して夫となる人が必要かどうかを考えてみましょう。

現在、元気なおかあさんとふたりで家業を守りたてているあなたは、結婚によって他人が入ってくる煩わしさを考えると現状のままでいいと思っています。しかし、一〇年先にもしもおかあさんが亡くなったときに、支えてくれる人が欲しいと思う気持ちもあるよう

です。あなたが、他人が入ってくることを煩わしいと思う自分を乗りこえるのが人生の課題と考えるのならば、結婚すればいいのです。

アドラー心理学では「ラッキーとハッピーは違う」とよくいいます。ラッキーとは、ある日突然、遠い親戚があなたに一億円の遺産を遺して亡くなったというようなもの。これは運がなければ、滅多に遭遇するチャンスはないでしょう。

いっぽうのハッピーは、たとえば仕事での疲労感がたまってイライラしているあなたが、ふと空を見上げると、見上げた空が爽やかで、その澄みきった青空を見ていたら、なんだか心も晴れてきました。そんな気分で仕事に戻ったところ、今まで難航していた案件にいい情報が入ってきました。そんなとき、あなたはしみじみと「なんてハッピーなんだろう」と思うはずです。

このように、ラッキーとハッピーは違います。誰でもひとりひとりの人生はハッピーなのに、それに気づかずラッキーを期待してしまうのです。私たちが求めなければならないのはハッピーであり、**目の前にある幸せに気づくことが何より大切**なのです。

暮らしのなかのささやかなことにこそ、ハッピーはあります。あなたも、今、自分がハッピーかどうかを考えてみれば、当たり前と思っていることに幸せを感じるはずです。

すべては、目的に向かってあなたが選んだこと

あなたは、今、ハッピーでしょうか。

おとうさんを早くに亡くされたのに、これまでおかあさんと二人三脚でやってきて、家業の経営もうまくいっているのはハッピーなことだと思います。それなのに、どこか不安を抱いて「白馬の王子さま」が訪れるようなラッキーを期待するあなたもいます。

改めて「何が不安なのか」を自分自身で考えてみましょう。もしかしたら、あのとき結婚に反対したおかあさんに対して「余計なことをいわなければ、今頃結婚していたのに。結婚も仕事も、手に入れられたかもしれない」と怒りに似た気持ちを持つことがあるのかもしれません。

あなたの行動には、すべて目的があるというのが、アドラー心理学の考え方です。結婚ができなくて寂しいと思うことはお気の毒だと思いますが、結婚をしないことで、あのときのおかあさんに仕返しをしているあなたがいるのかもしれません。

でも、よく考えてみてください。

さまざまな状況、そして人間関係、今後の生活などを熟慮して、最終的に婚約を破棄することを決めたのはあなた自身なのです。あなたは、それを認めるのは嫌なので「おかあさんの、あの言葉が」と無意識的に考えている可能性があります。あのとき、あなた自身

も決断して、その後は頑張って家業を守りたててきたのは、とても立派なことであり、充実した人生であったと思います。

それでも、今の状況を不安に思っているのは、現状を変えたいという目的に向かっているからなのではないでしょうか。

ですから、来るか来ないか分からない白馬の王子さまにとらわれることなく、来たときにどのようにあなたが対処するかを考えておくほうが賢明です。

「待っている」のではなく、おかあさんと三人でますます家業を守りたてるように「準備をしておけばいい」のです。その可能性を探すことで、次のステップも必ず見えてくるはずです。

小さな目標を立てて、自信を育てよう。

アドラー心理学の特徴はどこまでも現実的なことです。いきなり大それた挑戦をせず、自分が確実にできるいいコトをする。これが自分が成長するうえでとても大事なことです。成功体験を積み、「自分にはできるコトがある」という自信を重ねることで、やがて失敗や批判を恐れない、自己肯定感の強い心が育ちます。自分の足で着実にハッピーな心を育てましょう。

22

この子をしつけるのは私の責任です ↓「いいママ（パパ）でいたい心理」をリセット

仕事と家事、そして育児をただこなす毎日を、どうしたらいい？

私たちは夫婦共働きで、三歳になる息子がいます。最近、息子が私のいうことを聞いてくれません。「おもちゃを投げたらダメだよ」「壁に落書きをしてはダメだよ」と教えても、まるでわざとやっているかのようにくり返します。

三歳という年齢は第一反抗期に入っていると聞くので、落ち着いて対応しなければと思うのですが、家事と仕事をこなす怒濤の毎日を過ごしている私は、気がつくと「ダメ！　何回いったら、分かるの！」と息子を叱ることしかしていません。

仕事が忙しい夫は帰宅が毎晩遅く、休日は育児や家事に協力はしてくれるのですが、平日は「夫に期待するだけムダ」と割り切って、ひとりでなんとか頑張っています。

それでも、保育園から子どもを連れて帰ると、ごはんを食べさせ、お風呂に入れて、寝かしつけるだけで精一杯。毎晩、ヘトヘトに疲れ果ててしまいます。

経済的なことを考えると、私が専業主婦になるのはどうしても無理です。こんな毎日が続くと、「これで、母親として子どもをきちんとしつけているのかしら」と、情けなくなって涙がにじむこともあります。

一日に三〇分、子どもだけに向き合う時間を作ろう

かつては三世代同居の家族のなかで、おじいさん、おばあさん世代が子育ての経験からいろいろ助言もしてくれたので、おかあさんも安定した気持ちで子どもと接することができました。しかし、核家族があたりまえになり、おとうさんは仕事に忙しいとなると、子育てはおかあさんひとりに任されているかのようです。

さらに、多くの女性が社会進出して自分の才能を発揮するようになり、仕事に家事に子育てと、毎日、大忙しで頑張るおかあさんが増えてきました。そんな状況のなかで、すべてを抱えこんで途方に暮れているあなたは、母親として悪いわけでは決してありません。

「こんなママでいいの」と不安に思っているあなたへのアドバイスは、今「やらなきゃいけない」と思っているすべてのことをあとにまわして、一日三〇分でいいですから、子ど

も向き合う時間を作ってみてください。

そして「今日、保育園で楽しいことが何かあった?」というように、楽しい時間を思い出させるような話をしましょう。間違っても「悪いことをして先生に叱られなかった?」などと聞いてはいけません。「新しい歌を覚えた」とか「Uちゃんと駆けっこした」とか、**子どもは楽しかったことを母親に報告することで、保育園が好きな子になる**のです。

子どもから「ママ、あそんで」といわれてあそぶだけではなく、たまには母親のほうから「あそぼうよ」と誘ってあげると、子どもとの関係もだいぶ違ってきます。子どもにとって母親との一体感を持つことが「自分を好きでいてくれるんだ」という安心につながり、信頼関係を築くことができます。

一日三〇分の時間を作るのはそれほど難しいことではありません。毎日のふれあいのなかで、子どもは親に愛されているのだという実感を味わいます。ですから、「中途半端」と自分を責めることなく、お母さんは職場に着いたら全力でお仕事をしても大丈夫です。

子育ては愛情というより、アート

あなたは、子どもに「ダメ!」を連発しているようですが、頭ごなしに「ダメ」というのではなく、「それ危ないから、やめようね」というように説明を加えてあげるのも大事なことです。それができると、子どもも「危ない」ことを具体的に覚えます。

「しつけ」を漢字で書くと「躾」。箸を持ってごはんを食べたほうが格好いいというように、行動や行為による**身の振り方を美しく教える**ことが元で、それにより豊かな心も育っていくのです。ですから、しつけをする場合も、子どもに分かってもらえるような工夫が必要です。親から「ダメ」とか「それをしてはいけない」といい続けられていると、子どもは何もできなくなります。自発的に何かをする経験が少ないのは、子どもにとっても幸せではありません。「そうじゃなくて、こうするといいよ」と親が提案することで、子どもが学ぶことも増えます。

子育ては親の愛情といわれますが、一種の技術でありアートです。「子どもは小さいときから親がしっかりしつけなくてはならない」というような世間の精神論で、自分を縛る必要もありません。

「いいママ」とは、どんな母親なのでしょうか。私は、いいママの基本は「子どもが可愛くってしようがない」という気持ちだと思います。現代社会のなかでは、母親に子どもが可愛いと思えるゆとりがなくなっているだけなのです。みなさん誰もが「いいママ」なのですから、まずは子どもと向き合う時間を作ってみましょう。また、父親であるご主人には期待できないと頭から決めつけないで、うまく頼む方法を考えるのも大切です。

23

ほめる育児でのびのび育てたいんです
↓「ほめる信仰」をリセット

活発な息子と引っ込み思案の娘、どう育てたらいい？

小学校二年生になった娘は、引っ込み思案で運動が苦手。「T子ちゃんより、駆けっこは遅いから」とか「いつもMちゃんのやりたいことを、一緒にやるの」といっています。どちらかというと、自分に自信が持てないタイプなのではないかと思います。二歳上の兄は、元気過ぎるくらいの暴れん坊。なので、娘が女の子らしく私のお手伝いなどをしてくれると、「手伝ってくれていい子ね。外であそんでばかりのお兄ちゃんより、ずっとえらい」とほめるようにしています。

母親の私としては、何とか娘に自信をつけて、明るくのびのびした子に育ってほしいと願っています。育児書などでは「子どもは、ほめて伸ばそう」とよく書いてあります。私も、娘のいいところを見つけて、できるだけほめるようにしたいと思うのですが、果たしてどのようにしたら、子どもをほめて伸ばすことができるのでしょうか？

ほめるのは「人格」ではなく「行動」

アドラー心理学では、ほめることを「勇気づける」と考えます。相手に対して、自分の喜びの気持ちを表現することが勇気づけの基本ですが、ここで大切なのは「コト（行動）」をほめなくてはいけないということです。

子どもに対して「お手伝いしてくれて、いい子だね」とほめるのは、子どもの人格を評価することになり、成長にはあまり役立ちません。おかあさんの言葉から「お手伝いをするとほめてもらえる」ということを学び、親にほめられることが目的となってしまいます。

それより「お手伝いしてくれて、おかあさんうれしいよ」といってあげると、行動をほめることになり、子どもは「こうすると、おかあさんは喜ぶんだ」ということを察知します。そして「人に喜んでもらえることが、僕にもできるんだ」という自覚を持つことができます。

あなたのお子さんが、自分に自信がないようなのは、行動をほめられていないからかもしれません。「おかあさん、お手伝いしてくれてうれしい」と勇気づけることで、「自分もお手伝いできる」という自信につながります。

とはいえ、ついつい「Kくん、いい子だね」と人格をほめがちですが、行動をほめるように切り替えるには、意識的に**一週間だけ子どもの行動をほめる**ようにしてみましょう。外出先から帰ってきて、手洗いとうがいをしたこと、保育園で友だちの荷物を持ってあげたことなど、子どもの行いを「おかあさん、うれしかったよ」という言葉を添えてほめてみてください。そして子どもの反応を見てみましょう。

きっと、ほめられた行為は子どもにも「人のために自分も役に立つんだ」という他者へ貢献できる喜びとして残り、積極的に他者との関係性を持とうとするはずです。ここで、対人関係の基本である共同体感覚が芽生えるのです。

また、上のおにいちゃんとは性別も性格も違うのですから、比較をするのはやめましょう。娘さんが引っ込み思案なところを気にしているようですが、人間には本来それぞれ性格があります。男の子だから活発に、女の子だからおとなしく、と決めつけるのではなく、それぞれの個性でいいのです。

子どもは、チューリップやスミレ、ヒマワリと、それぞれの花を咲かせているのですから、親はどの花も可憐で愛おしく思えるはずです。

育児書に振りまわされないで

あなたは育児書や雑誌を読んで、「子どもはほめて伸ばすべき」と頭から信じているのかも知れません。書籍での情報は平均的なことしかいえないので、それぞれに異なる子育ての状況にうまくはまることはないでしょう。

ですから、育児書どおりにやってみて、うまくいかなかったといって嘆くことはありません。本のなかに書かれている提案を実際にやってみて、子どもに効果があれば続けてやればいいのであり、なければやめればいいのです。大切なのは、育児書で知ったことを実際にやってみて、効果があると思ったことは続けることです。この続けるという行動が欠けてしまうと、知識だけが増えて、あなたのように子育てで悩むようになります。

また、あなたはお子さんに「自信を持って、明るくのびのびした子になってほしい」と考えているようですが、子どもをおかあさんの思いどおりにしたいと考えるのは、子どもを支配することになります。まず、子どもは親の思いどおりにはならないということを知りましょう。

むしろ、親のあなたが子どもに教えなくてはならないのは行動です。ある問題を解決するためには、どのような行動をおこさなくてはならないかがいちばん重要です。

ですから、育児書をたくさん読んで、知識を増やすだけではダメなのです。

24

こんなママ（パパ）でごめんね
↓「かわいそうなこの子心理」をリセット

息子が万引きしたのは、シングルマザーの私の責任？

私はシングルマザーで、息子が小学校に入学したときから、ひとりで育ててきました。父親がいない分、ときには厳しくしつけたり、自分なりに仕事も子育ても頑張ってきたつもりです。息子も、家事を手伝ってくれるなど、私への気遣いもあることを頼もしく思っていました。

ところが、中学生になってやっと一安心と思っていた矢先、息子が万引きをして補導されてしまいました。中学生になったのを機に、残業で帰宅時間が遅くなることが増えたのですが、息子はそれをいいことに悪い友だちとあそぶようになったようです。

息子を信頼して、仕事を優先させたすべて私の責任です。中学生がいちばん難しい時期なのだから、いままで以上に息子と向き合わなければいけなかったのかもしれません。

仕事の忙しさにかまけていた私は、やはり片親だと愛情が足りなかったのかと、これまでの息子との関係をあれこれ反省しながら自分を責める毎日です。

母親として、あなたは何も悪くない

親が子どもに与えることができるのは〝生命〟です。**生命という素晴らしいものをプレゼントしているのですから、それ以上に親がすべきことはありません。**中学生の息子さんは、もう自分で判断ができる年齢です。あなたは、子どもに生命を与え、ここまで無事に育ててきたのですから、役割は果たし終えました。

子どもにいうべきことはただひとつ。

「困ったことがあったら、おかあさんにいいなさい。そしたら、全力で助けるよ」

今回の万引きも、あなたの育て方が悪いとか、自分を責めることはありません。子どもから「ＳＯＳ」が出るまで冷静に見守りましょう。万引きは犯罪ですから、警察に捕まれば社会的制裁を受けなければなりません。息子さんはその事実を認識し、自分がやった行為(コト)に対して責任をとらなければいけないことを学びます。これが、何より大切なのです。

あなたは自分がシングルマザーを選んだことや、残業までして働きすぎたことが、子どもを非行に走らせたと考えているようですが、そういう気持ちはきっぱり捨てることです。そうしないと、子どもがこの事実を利用して、うまくいかないことがあると、すべてそのせいにすることになります。あなたも、このことに負い目を感じていると、ますます子どもをわがままにしてしまうことになります。

仮に中学生ということで、お店のかたが警察に通報せずにすませてくれたとしても、母親のあなたが代金を支払って謝罪するという解決策を取ってはいけません。つらいかもしれませんが、息子さん自身が、自分のおこづかいのなかから代金を払って、きちんと謝らなければならないのです。

困ったことがあれば、全部親が解決してくれると思うと、世の中を甘く見るような子どもになってしまいます。悪いことをしたら、きちんと社会的制裁を受けるほうが、子どもにとっても教育になりますし、立ち直りが早くなるのです。

子どもが補導先の警察から帰ってきても、あなたは動揺したりせずに自然体で「おかえり」と迎えてあげればいいのです。むしろ万引きを引きずるより、時間を経てふつうの時間が戻ったときにいい親子関係を作るようにすることです。

中学生は、親離れをして友だちとの世界に入っていく年齢です。**「我が子は、自分の一部分」というような気持ちを捨てる**ことが、親にとっても子どもにとってもよいことなのです。

シングルマザーの子育て

あなたは「父親がいない分、ときには厳しくしつけた」といっていますが、気をつけなくてはいけないのは、必要以上に父親の役目を果たさなくてはいけないと考えることです。むしろ、これはいちばん避けてほしいことです。

あなたが、無理しておとうさんになろうとしても、子どもはそれを素直に受け入れることはできません。ですから、おかあさんはおかあさんでいいのです。

たとえ家庭のなかに父親がいなくても、子どもは父親のイメージを投影する存在を作るものです。それは信頼する学校の教師かもしれませんし、頼りになる親戚のおじさんかもしれません。あるいは、実際にそのような存在がなくても、小説やマンガの世界のなかで理想のボス的存在を見つけます。

おかあさんはおかあさんらしく、しっかり子どもを受け止めて、温かく可愛がってあげればいいのです。父親がいないということは引け目ではありませんし、子どもに与える影響が大きいなどということはまったくありません。

子どもを育てるというのは、親が全部責任をかぶるというのではなく、世の中の人たちとつながってお互いに育て合うことが大切です。

仮に、子どもが世の中の倫理に反するようなことをした場合は、ひとりで抱えこまずに学校や児童相談所に行って、話し合ってみるのもひとつの方法です。また違った視点から、子どもとの関わり方を教えてくれるかもしれません。

とにかく、あなたが子どもに生命を与えたときから、子どもはひとりの人間として歩き出しているのです。

我が子は自分の一部という気持ちを捨てよう。

子どもを非行に走らせたのは、私の育て方が悪いからなどと自分を責める必要はありません。子どもが自分で判断のできる年齢になったら、「SOS」が出るまでは冷静に見守ってあげましょう。本当に子どもが困ったとき、あなたが全力で助けてあげればいいのです。

第3章

「小さな不安」から自分を守るためのヒント

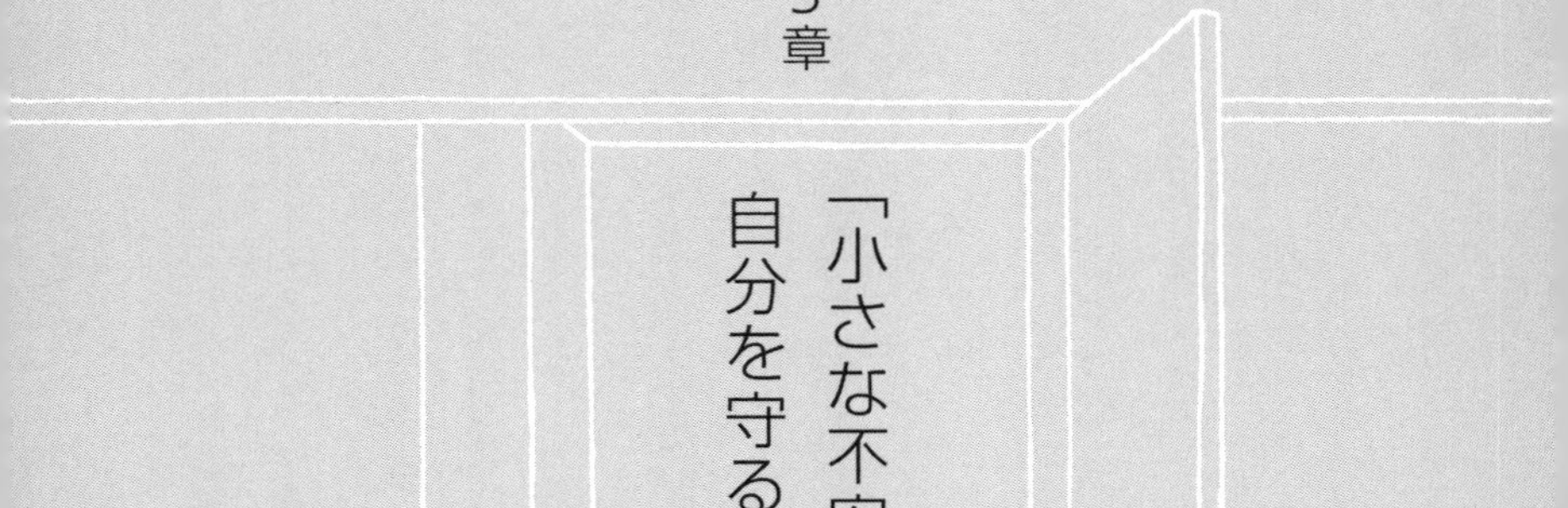

1 「他罰的」な行為は人生のムダ

ブログやツイッターで発信した何気ないひとことに批判が集中して炎上したり、客という立場を利用して尊大な態度で商品やサービスにクレームをつけるモンスタークレーマー。

最近、このような話題を、よく聞くことがあります。

実際にその発言や商品、提供されたサービスに問題がある場合もあるでしょう。しかし、これらの現象を考えてみると、その背景として、現在の社会全体に、他人を責める空気が満ちあふれているように感じます。

同じように、自分の失敗や身にふりかかった不幸を、他人やまわりの環境のせいにする「他罰的」な傾向もまん延しているようです。なぜ、このような風潮が生まれたのでしょうか。

基本的には、今の社会には**不安感**が強くはびこっていると考えることができます。不安は未来に対しておきてきます。地球温暖化にしろ高齢化する社会にしろ、これから先の未来を楽観することはできません。アドラー心理学では、この「不安」という感情を、未来を信頼できなくなったときに抱くものとしてとらえています。

一〇年後、二〇年後には少子高齢化がさらに進み、若い労働力が減って日本経済は混迷するなどといわれています。

日本には明るい見通しが立たない現状のなかで、自分自身の未来をしっかり組み立てることができずに「不安」を抱えて生きる人が多いのかもしれません。そのために、誰かのちょっとした発言に猛烈に反発したり、自分より弱い立場にいる人に過剰なクレームをつけることで、自分のなかにある不安を解消し、一時的な安心感を得たいと思うのでしょう。

しかし、ここで忘れてならないことは「自分の人生は自分で作る」ものであり、「人生の問題は自分で解決する」というアドラー心理学の基本的な考え方です。

あなたが、不安な感情に負けそうになったときは、「自分の人生は、自分で責任をもたなくてはならない」という原点に立ち戻りましょう。他人のせいにしたり、攻撃しても何もいいことはないのですから。

不機嫌な世の中は「逃げるが勝ち」

そうはいっても、世の中全体が不機嫌で殺伐とした雰囲気に覆われていると、嫌なことを目にしたり、耳にすることが多くなります。

他人の不幸は蜜の味、という言葉もあるように、マスコミでもネットでもそうした刺激的な情報が次から次へと流されていきます。そうしたものを見たり、聞いたりしているだけで、こちらも嫌な気持ちになります。

そういうときは、嫌なことから遠ざかればいいのです。

人生においては「嫌な経験をあえてして、それを乗りこえたときに成長する」という考え方をする人もいるようですが、そんな面倒なことはしなくていいのです。

嫌なことがあったら、さっさとそこから離れましょう。

先人の知恵の結晶ともいえることわざのなかに「逃げるが勝ち」という言葉があります。戦いを避けるのは、一見卑怯なように見えますが、戦うばかりが勝利への道につながっているのではありません。**ときには、逃げるほうが得策**になるということです。

「なんとしても闘わなくては」と必死になると、不必要なバトルにまで発展することがあります。このことわざには、勝ち目のない喧嘩や、買っても何の得にもならない喧嘩ならば、しないほうがいいという警句が込められているのです。

ことわざのような「知恵」は、人間が生活を積み重ねてきた長い歴史のなかで自然発生的に生まれ、語り継がれてきたものです。

アドラーがいちばん大切にしているのはこの先人の「知恵」であり、自身も「私がいっていることは、知恵のひとつでしかない」と語っています。

先人の知恵から学んで、嫌な世の中から自分を守るためには、「逃げるが勝ち」という場合もあることを覚えておきましょう。

2 「自己責任」とは誰の責任？

「自己責任」という言葉を、よく耳にするようになりました。

一つのきっかけは、二〇〇四年にイラクで起こった日本人人質事件が記憶に新しいと思います。国家が危険と警告している紛争地域に入国したのは、個人の「自己責任」であり、事件に巻き込まれた場合に、国家として責任を持つ必要があるか否かの議論から語られるようになった言葉です。

最近では、なんでもこの「自己責任」で片付ける風潮があるように思います。

たとえば、職場でAさんがどうしても自分のノルマを達成できないために、部署全体の目標とする売上額に届かなかったとき、仕事ができないAさんの「自己責任」が追及されるというように。

ここで語られる「自己」とは、いったい何なのでしょうか。

この場合、ノルマを達成できなかったAさんが「責任を果たしていない」(=Aさんはノルマを達成すべき)と責められています。しかし、仮にAさんの能力をはるかに越えた仕事を与えられていたとしたら、どうでしょう。

もしかしたら、部署内の誰かがフォローすれば目標額は達成できたかもしれません。この事実に気がつかなかったとすれば、それは、部署内全員の「責任」ではないでしょうか。もしそこに気づけば、全員でクリアしたい到達点に辿りつけたわけですから。

このように、自己とは、他者との関係性のなかで初めて存在するものであり、他者と切り離して考えることなどできないのです。

人間は「持ちつ持たれつ」

そこで「Aさんは、自分の仕事に対して無責任だ」とイライラしたあなた。あなたは、自分自身がこれまで「仕事上で無責任なことはしたことがない」といいきることができますか？　これまでの出来事をいろいろ思い出してみてください。

入社したての頃、コピーした書類をきちんとまとめることもできずに焦っていたあなたを、やさしくフォローしてくれた先輩。どうしても期限までに片付きそうもない仕事を、一緒に残業をして手伝ってくれた同僚。あなたが犯したミスについて、厳しく注意はしたけれど、陰で取引先に頭を下げ、その後も社内であなたが仕事を進めやすいように調整をしてくれていた上司。

そのときどきに、あなたの近くにいた人たちが、手助けをしてくれていたはずです。

私たち人間は、**いつなんどきも「完璧に仕事をこなす」ことなど、できるはずがありません**。完璧な人間などいないのです。

反対に、そうした完璧ではないところが自分のなかにあることを必死で隠し、頑張りつづけようとすると、どこかで破綻が生じてしまいます。

アドラーは、「人間はみんな、共同体という人間同士の結びつきの一部であり、共同体とともに生きている」と説いています。

そして、この共同体のなかで「自分は他者のためになることができた」と実感できたときに、人は幸福感を得ることができるのです。

「あなたができないせいで、私の仕事がこんなに増えてしまったのよ」

と、相手に対して「自己責任論」を振りかざしたくなったときは、人間は**「持ちつ持たれつ」で生きているのだということを思い出しましょう**。

そうすれば、特定の誰かに責任をなすりつけることなく、お互いにできないことを補いながら、ものごとを円滑に進めていくことができるはずです。

3 「勝ち組」とは妄想でしかない

Bさんは、子どもの頃からずっと頑張って勉強をしてきて、名門の進学校からT大に入り、就職も一流企業に決まりました。そんな自分を「私は人生の〝勝ち組〟だ」と思っています。

いっぽう、Cさんは勉強にはあまり興味がありませんでしたが、サッカーの才能には光るものがあり、また自分自身もサッカーが大好きだったので、サッカーの強豪校に進学してプロのサッカー選手になるべく頑張っています。

T大に行こうという気持ちのないCさんは、「T大に合格すること＝勝ち組」とは思っていません。むしろ、スペインの「バルサ」やイタリアの「ACミラン」といったヨーロッパのサッカークラブへ所属して活躍することのほうが、Cさんにとっての「勝ち組」になるのかもしれません。

このように、**本当の「勝ち組」とは人それぞれ**であり、自分の願っていたことが手に入った人を指していうのではないでしょうか。ある人にとっての勝ち組は、別のある人にとってはそうでないのです。

ところが実際に、今いわれている「勝ち組」というのは、世間でいう「いいランクの学校」や「いいランクの会社」に入って、金銭的にも恵まれた人(あるいはそうした人と結婚できた人)を指していることが多いようです。つまり、社会の判断に左右された結果、固定化した「勝ち組」という妄想がひとり歩きしているのです。

T大から一流企業に就職が決まって、「自分の願っていたことが手に入った」Bさんも、「今は」勝ち組と思えるかもしれません。しかし、勝ち組のなかから「勝ち組」を支えるために選ばれた優秀な人材が多い組織のなかで、これからもずっと勝ち続けるのは至難の業です。

自分がハッピーになれる人生が「勝ち組」

Bさんのなかの「勝ち組」意識と、社会が「勝ち組」と判断することが変化してくると、Bさんはさらに上を目指して勝ち続けなくてはなりません。

このような「勝ち組でいつづけることが人生の誇り」あるいは「社会的に誰からも低い

評価を受けないように生きる」ことを選んだ人生は、その状態を察するに、なかなか辛いものがあるように思われます。

もちろん、勝ち組のなかの勝ち組を目指すことも人生の選択です。それもありです。

しかし、もしそうではない道を選ぼうと思ったらどのようにしたらいいのでしょうか。どうしたら社会の判断に左右された「勝ち組」を目指さなくてもいいと思えるようになるのでしょう。

いちばん重要なのは、世間がいうところの「勝ち組」「負け組」といった価値判断の基準に左右されずに、どんなときにも「自分で自分を〝勝ち組〟」と思えるような生き方をすることです。

アドラーは、人間を「上下の関係」で見るのではなく、誰もがみんな「対等な関係」にいることが幸福だと考えました。

対等な関係でつながっていれば、「勝ち組」「負け組」という発想はおこらないはずです。

私は、子育て真っ最中の親御さんたちに、

「自分の子どもを他人の子どもと比較して、〝勝った〟〝負けた〟というのは、早めにやめたほうがいいですよ」

と、よくアドバイスをします。

親が、そういう物差しで子どもを見ることをやめれば、それぞれが個性を発揮して成長することができるはずです。そうすれば、子どもはいま自分がやろうとしていることを「自分がやりたいかどうか」という基準によって行うようになり、結果として、おとなになってからも、自分の得意分野で社会貢献ができることでしょう。

私たちがつねに理想を持ち、それを目指して生きていくのは、素晴らしいことです。でもそのとき、同僚と出世レースのなかで競い合い、「あの人の方が上」「あの人より上に」というように他人と自分を比較する必要はありません。

むしろ、入社したときの自分と、五年後の今の自分がいかに成長しているかを、確認することができればいいのです。

比較するのは「他人」と「自分」ではなく、「過去の自分」と「今の自分」です。

社内で、あなたのまわりにいる人たちを、見まわしてみてください。抜群の企画力のある人、数字に強くてデータ処理に優れた人、宴会の仕切りを得意とする人……、「一等賞」はいろいろあるのです。

人間にはさまざまな側面があり、すべてにおいて「勝ち組」になれる人はそうそういません。

ですから「勝ち組」になることは、さほど大したことではないのです。

あなたは、自分のための人生を生きていることを、つねに忘れてはなりません。「自分のための人生」とは「自分がハッピーになれる人生」です。

今朝、あなたは、いつも降りる駅よりひとつ前の駅で降りて、職場まで歩いてみると、新しい有名なラーメン屋さんができていました。おいしそうな餃子のメニューもあり、今日のランチタイムに来てみようと思いました。そして、なんだかハッピーな気分になりました。

毎日、こういう小さなハッピーを積み重ねて生きていれば、あなたは本当の「勝ち組」になれるはずです。

4 成果主義に押しつぶされるな

「成果主義」という言葉も、いろいろな局面で使われるようになりました。

「成果主義」とは、各自の仕事の成果に応じて給与や昇格を決定する人事方針のことをいいます。これまでの日本の企業における年功序列の人事システムに代わるものとして、一九九〇年代に、リストラと並行して導入されてきました。

この「成果主義」は、あくまで「企業が最大の利益をあげるためにどうすればいいか」という尺度でものごとを進めることです。企業側の「成果」の決め方と、働く人間とのモチベーションが食い違っていたりして、最近では流行らなくなっているようにも感じます。

とはいえ、いろいろな場所で「成果主義」という言葉は横行しており、成果が出せない人にはプレッシャーを与えるような現状も垣間見えます。また、個々人ができるだけよい結果を出そうと頑張ることで、まわりの人たちと手柄を競い合うようにもなります。

そうなると、もはや同僚はライバルでしかなく、いかに蹴落として早く出世するかを考えるようになってしまいます。

成果主義一辺倒の環境から逃げろ

Eさんの会社では、成果主義が導入されるようになり、誰もが同じように昇給するようにはならなくなりました。Eさんは、三〇代の同期社員でも、年収格差が五〇万円以上もあることを知って愕然としました。

「頑張れば給料は上がる」という世界は遠い昔であり、その頑張りが「成果」を上げて、高い人事評価を獲得できないかぎり、翌年の昇給が大きくなる可能性はありません。高い人事評価を得るためには、会社側の期待を超える成果を出さないといけないのです。

Eさんの直属の上司は、期待するハードルをどんどん上げる人なので、頑張ってもなかなか目に見える成果につなげることはできません。

飛び越えるべきハードルの高さを自分で設定できないのは苦しい。

「自分は頑張っているのに、ただ空まわりしているだけなんだ」

Eさんの疲労感は募るばかりで、部内の壁に張りだされた「営業成績」のグラフを見るだけで、過度のプレッシャーを感じるようになってしまいました。

私たちには、自分に合った会社や学校を選ぶ自由があります。

ですから、どうしても自分とは合わない場所にいると感じたときは、無理してそこに留まろうとする必要はありません。**留まる努力をつづけるよりは、そこからいったん離れるほうが得策**です。

とはいっても、いろいろな事情ですぐに会社を辞めることができない場合もあるでしょう。そんなときは、仕事以外の世界を持つことをおすすめします。

水泳やテニスといったスポーツでもいいですし、陶芸や料理といった新しい趣味の世界を開拓するのもいいことです。仕事とはまったくかけ離れたことをする行為が、ウツウツとした今のあなたを変えてくれるのです。

Eさんも思いきって、これまでいつかは学びたいと思っていたイタリア語の学校へ通うことにしました。

週に一度、会社の帰りに立ち寄るイタリア語の教室の仲間は、「本場のイタリアで料理を学びたい」とか、「オペラのアリアをイタリア語で歌いたい」など、それぞれに夢があります。

そんな仲間と明るく語り合う時間のなかで、Eさんにも仕事以外でかなえたい夢が見つかりました。その夢に向かう自分を考えると、仕事も今までとは違ったモチベーションを持って頑張ることができるような気がしてきました。

Eさんのようにまったく違った場所で新しいことを始めるという行為が、煮詰まってしまったあなたの現状に新鮮な視点を与えてくれるかもしれません。

自信をなくした人には「勇気づけ」を

あなたの職場に、成果主義ばかりが問われる毎日に押しつぶされて、自信を失ってしまった同僚がいたとします。

あなたは、その同僚のために何をしますか。

何ができると思いますか?

私がおすすめするアプローチは、身近な人が自信を失ってしまったとき、その人のなかにある「勇気」＝「行動を生みだす力」がうまく働くように、お手伝いする方法です。

アドラー心理学でいう「勇気」とは、あらゆる人の心のなかにある「行動しようとする力」のことであり、「一歩前に踏み出そうとする気持ち」です。これは、好奇心や憧れなどから、自然にわいてくるものです。

いっぽう、そんな意欲に水を差す「勇気くじき」もあります。

それは「どうせ私には無理」というようなちょっと卑屈ないいわけとしてあらわれ、行動にブレーキをかけます。

成果主義に押しつぶされたあなたの同僚が、この「勇気くじき」の思考に陥っているとき、同僚にかけてあげるべき言葉は、「大丈夫」「また頑張ればいい」などというような励ましではありません。根拠なく励ましても勇気はわいてきません。

では、どうしたらいいでしょうか。あなたがすぐにできる確実なことは、喜びや感謝を共有する機会を持つことです。

人間は誰しも、他者から認められたいという欲求を持っています。自分の存在が他人に喜ばれ、感謝されたとき、人は自分の価値を実感できるのです。「生きていてよかった」と思うのです。すると、過去の失敗で卑屈になっていた心も明るくなり、勇気がわいてきます。言葉にすればなんとも単純な話ですが、人間の心はそういうものなのです。

実践しやすいのは、折々に「ありがとう」と感謝を伝えることでしょう。

落ち込んでいる同僚だけでなく、身近な人みんなに「ありがとう」を伝えるといいかもしれません。それだけで、みんなの心はずいぶん明るくなるはずです。

ただ、ひとつ注意してほしいことがあります。

仕事の場などで相手をねぎらうとき、よく「ご苦労さま」という言葉を使いますが、これは相手を上から評価する「ほめ言葉」です。「ほめ言葉」というのは人の評価を気にして、ほめられることに依存する心を生みかねません。

上下関係を強化して、卑屈な心を強めてしまうこともあるので、避けたほうがいいでしょう。

心が明るくなったら、自分のなかに「勇気」＝「行動しようとする力」があることに気づくはずです。

勇気くじきの背後には、しばしば、失敗への恐れがあります。

「失敗したら自分には価値がない」といった極端な思い込みが失敗することへの恐れを招き、勇気を抑え込んでいるのです。

これまで、くり返しお話ししてきましたが、そんなとき、人は失敗という「コト」と、私という「ヒト」をごちゃ混ぜにしているのです。

さきほどの「ありがとう」という感謝の気持ちを伝えるのは、「ヒト」に向かって「失敗したコトとは別。あなたには価値がありますよ」と伝えることにほかなりません。

勇気くじきを超えて行動するために必要なのは、「コト」と「ヒト」を分け、失敗を客観的に眺めることです。

もし、失敗が実務的な技術の問題、たとえばパソコンの操作上のミスから起きているのなら、やるべきことは技術の習得です。

報告が遅くて上司に怒られたなら、「報・連・相」の段取りを改めればいいのです。

実際に「失敗したときに、次に何をすべきか」は、落ち込んでいる本人が分かっていることも多いはず。ですから、あなたは**「コト」と「ヒト」を分けるためのサポートをすればいい**のです。

周りにいる多くの人が失敗を恐れる気持ちを消してあげれば、落ち込んでいた人も自力で前へ進んでいくことができます。

これは誰かのため、ではないのです。

いつか自分が落ち込むことがあったとき、きっとあなたが励まし勇気づけた人が、今度はあなたを励まし勇気づけてくれるはずです。

それが「共同体とともに生きる」ということなのです。

5 パワハラを見極める

「パワーハラスメント」の定義は、ときに難しくもあります。

たとえば、会社には職務を遂行するために役割としての上下関係があるのは必然的なことです。事業計画をスムーズに進めていくには、「この仕事をやらないと、今年度の売り上げが達成できないから、しっかりやってくれ」と上司が部下に強く発破をかけることもあるでしょう。

命令系統を明確にして仕事上の責任の所在をはっきりさせるためには、この上下関係を無視することはできません。

いっぽう、上司が職権上の力を背景にして、部下が到底できそうにない仕事の量を短時間で終わらせるように課してきたり、それができなかったときに「おまえは無能だ」とか「ノロマだ」というような発言をして、相手の人格を否定したり侵害したときには、「パワーハラスメント」の行為と見なされます。

パワハラから身を守るには、すべて行動のレベルに切り換える

T子さんが新年度に移った新しい部署の上司は、どちらかというと「俺に黙ってついてこい」という体育会系のタイプです。

T子さんは、なにごとも自分で目的意識を持って臨みたいと思っているので、そんな上司の指示にうまく対応できず、仕事でまごついてしまうことが多々ありました。

そんな上司に対して、知らないうちに苦手意識が態度に出てしまうのか、「あっ、きみはいい」と仕事を頼まれることが少なくなり、無視されるようになってしまいました。

いっぽうで時おり仕事が振られるときは、締め切りの時間ギリギリになって、T子さんにはこなすことができない量を託されます。どんなに頑張っても納得のいく出来にはならず、しまいにその上司からは「きみは、できないやつだ」と冷たくいわれました。

ここで、明らかにパワハラを受けているT子さんへの、私からのアドバイスです。

まずは、T子さんに過剰な仕事を押しつけた挙げ句、「できないやつだ」と人格を否定するような発言をした上司の前から、席を外してトイレに行きましょう。

その上司から視覚的に離れることで、自分のイライラする気持ちを切り換えて冷静になるのです。

そして、上司の前に戻って、こういうのです。

「申し訳ございません。私のどういうところがいけないのか、仕事上の具体的なことで指摘していただけますか？　ご指摘いただいた点については、私も改善すべく努力いたします」

つまり「できないやつ」という上司の主観的な判断を、客観的な行動のレベルに変えて説明をしてもらうのです。上司が、仕事内容の不完全さを指摘してきたら、完全に遂行するためには時間が十分に与えられなかったことを率直に伝えましょう。

上司も部下であるT子さんも、会社から給料をもらって働く関係であるからには、感情的に好き勝手なことはできません。上司には、部下を指導するという責務もあるでしょう。ですから、抽象的な言葉を具体的な言葉で置き換えて、行動のレベルで改善していくべきなのです。

また、仕事の上で分からないことがあったときには、「すみません。よく分からないので、教えてください」と率直に伝えることも大切です。

会社は、誰のものなのでしょうか。

株主のもの？　経営者のもの？　あるいは、働く従業員のものでしょうか？

アドラー心理学では、会社は働く従業員それぞれが平等に能力を発揮することで利益を上げて、結果的に会社の生産性や業績が社会貢献につながることが、なにより大切なことと考えます。

あなたがパワハラを受けたとき、上司に対して泣き寝入りするのではなく、勇気を持って行動することが、一〇年先の会社のあり方を変えていくかもしれません。

6 空気は読まなくても大丈夫

空気が読めない人を〝KY〟と呼ぶことで、まるでその場の雰囲気に無頓着な疎ましい存在のようにレッテルを貼る風潮がまん延しています。

そういう人は周囲からも嫌われがちなので、「なんとか空気を読んで、行動する人にならなくてはいけない」という思考に陥りがちです。果たして、そうなのでしょうか。

また、最近書店に行くと、目立つ場所に「人の心を見抜く透視術」といった類の本が並んでいるのをよく見かけるようになりました。

これは、現代人が相手の心をつかみ、理解する力が弱くなったということと、一見何を考えているのか、心が読めないような人が多くなってきたため、テーマとして関心が持たれているのかもしれません。

では、どうして私たちは相手の心を読むことが苦手になってしまったのでしょうか。

それは、ここ十数年のあいだに、私たちのコミュニケーションの方法が変わってきていることにも原因があるようです。

カウンセリングなどで出会う子どもたちが「今日は、友だち二〇人と話したよ」というので、よくよく聞いてみると、メールやＬＩＮＥで話したというのです。

相手の顔を見て言葉で喋るのではなく、メールで「情報交換」をしていることを「会話をした」と、ほとんどの人がとらえています。しかしここにはちょっとした錯覚があるのではないか、と私は考えています。

メールでの情報交換は、あくまでテキスト主体のもの。

相手の顔を見て、ときに表情や仕草、声のトーンにその人の本心を見取りながら言葉をやりとりする本来の会話ではありません。

メールやＬＩＮＥだって、絵文字やスタンプでそのつど自分の感情を相手に伝えているという人がいらっしゃるかもしれませんが、ボディランゲージをふくむ会話のほうが圧倒的に感情表現は豊かになります。

その時その場で起こっていることの情報量というものは、何かに還元するのが難しいほど膨大なものです。

「伝えたいこと」が圧縮された文字情報だけで相手を理解するのはとても難しいこと。ですから、自分が書いたことが誤解されて、ブログが炎上するというような問題が起こってくるのです。

空気を読むより、相手の気持ちを読む

現代の多くの人たちがやっているように、メールでの情報交換という形で会話を進めていくと、人との気持ちの交換をする経験がきわめて少なくなってしまいます。その結果、「空気が読めない」人間になってしまう可能性があります。

ですから、私たちが毎日、目の前にいる人と会話をして、そのつど相手の気持ちを汲み取ったり、ときに反発したりして、「相手の気持ちを読む」ということはとても貴重な経験なのです。

あなたが、自分は「空気が読めない」人間だと自覚(それは錯覚でもあります)してしまうと、いつもまわりの空気ばかりを読むようになって、だんだん自分に自信がもてなくなります。もし、あなたが自分のことを「空気が読めない」と思っているのだとしたら、おそらく、いつも「相手が自分をどう思っているか」ということばかりを考えているのではないでしょうか。

でも、それより大切なのは「自分が相手をどう思っているか」ということです。それを

抜きにして、人とコミュニケーションすることはできません。

いつも「空気を読んでいる」あなたは、相手がどういう人かをただうかがっているだけの、一方的なコミュニケーションをしているのです。

では、双方向の友好的なコミュニケーションをするためには、どうしたらいいのでしょうか。まず、自分がその人と「どう付き合いたいのか」、「どう向き合いたいのか」を考えるべきです。

自分の気持ちが分かっていれば、あとはストレートにその気持ちを伝えるだけです。相手に気を遣って「空気を読む」必要はありません。

あなたが思ったり感じたりしている「自分の気持ち」は、誰かの評価の影響を受けることはありません。伝えたい、と思ったことを伝えればいいのです。

人と人が会話をするということは、とてもシンプルなのです。

もちろん、うまく伝わらない場合が当然出てくるでしょう。でも、それも含めて会話なのではないでしょうか。

あなたが「あの人、いい人」と思うとき、けっこう相手もあなたのことを「いい人」と思ってくれるものです。逆もしかり。「あの人、苦手」と警戒していると、相手からもそう思われてしまいがちです。不思議なものですね。

人と会話をするときは、自分の気持ちに正直に、シンプルに進めることです。

そうすれば、あなたの伝えたい気持ちがきっと相手の心に届くはずです。

7 いつも柔軟な心でいるためのヒント

まわりでどんなことが起ころうとも、自分の信念を曲げずにいることができる人に対して、「ブレないところが素晴らしい」などということがあります。

でも、ブレないことばかりが、そんなに素晴らしいことなのでしょうか。

私は逆に、人はブレてもいいと思います。

あまりブレずにいると、まるで生きた化石のような人間になってしまいますから。

今、「あら、ブレてもいいのね」と思ったあなたにお伝えしたいのは、「どうブレるかが問題」ということです。

たとえば、これまできわめて慎重に「石橋を叩いて渡る」ことをモットーとしてきた人が、自分が成長すると判断して、いつもとは違う大胆な行動に走ったのであれば、ブレることはその人にとって大きなターニングポイントになることでしょう。

いっぽう、その行動がマイナスになると思えば、ブレずにそのままでいればいいのです。竹は木と違って、中が空洞になっていて、いわゆる「芯」がありません。だからこそしなやかに曲がることができます。

アドラーがいっているように、「人間には、自己決定の自由がある」。竹のようにしなやかにブレていきましょう。

人生に必要なのはイマジネーション

私たちが、自分の人生を自己決定して生きていくとき、そのつど「こちらの方向を選んだら、私はどうなるか」という想像力が必要です。

しかしながら、私たちは現代という予測することが難しい世の中で生きているので、人間が本来持つべきイマジネーションを育てることが難しくなっています。

そこで、イマジネーションを育てる第一歩としておすすめしたいのは、今のあなたが忙殺されている仕事や、ねじれた人間関係から身を離すことです。

そして、音楽を聴いたりスポーツをしたりして、自分の世界を楽しむ方法を見つけることです。

とにかく、ちょっと面倒だと思っても億劫がらずに「行動」で、今の自分を変えていくことが大切です。

いつもと違う「コト」をする

いつも柔軟な心でいるためには、なにごとも固定しないことです。

毎朝の出勤ルートでも、時間に余裕があるときは、いつもと違う道を選んでみてください。新しいお店ができていたのを見つけて、「今度の日曜日に行ってみよう」と思うだけで、ハッピーな気分になれます。

私は学生時代、狭い部屋ではありましたが、よく勉強机を移動していました。そんな小さなことでも気分転換ができて、またやる気が出てきたものです。

友だちや職場の同僚など、人との関係にも、同様のことがいえます。

たとえば、今まで映画を見に行ったり、美術館に一緒に行くことが多かった友だちを、アウトドアの山歩きに誘ってみましょう。

その友だちが、実は野草の名前をたくさん知っていて教えてくれたり、険しい道でもけっこう粘り強く登るバイタリティがあることを知ったりと、お互いに新しい発見があるはずです。これは私の実体験でもあります。

今のような世の中では、誰もが不安や怒りを抱えて生きています。

そういう感情にとらわれてどうしようもなくなったときには、その感情をいったん手放すために、**自分のいる場所をすこし変えてみる**ことです。

毎日の暮らしのなかで、そういう小さなハッピーを積み重ねて生きていけば、あなたは柔軟な心で、自分の進む道を選んでいけるはずです。

あとがき

ある心理学者が、人生でうれしかったことと、反対に苦しかったことの割合を調べました。前者が二割、後者が八割という結果でした。私たちの人生は、苦しみが圧倒的に多いのです。

それにもかかわらず人間は、生き続けます。困難を克服する体験が、何物にも代えがたい喜びを与えてくれるからです。

アドラーは苦しみを乗り越える技術として、歴史のなかで育てられた知恵を大切にしました。この本に書いたのは、この知恵なのです。困難に直面したとき、どう乗り越えればいいかヒントを書いてみました。

ベートーヴェンは耳が聞こえなくなって第九交響曲を作曲しました。もし耳が聞こえていたら、果たしてあのような傑作を、作曲することができたでしょうか？　苦しみや悩みは、あなたを成長させるチャンスでもあるのです。知恵を働かせて、困難を乗り越えてください。そうすれば成長したあなたを見つけることができるでしょう。

楽な人生は一見幸せそうに見えますが、その内実は満たされていないことが多くあります。精一杯自分に誠実に生きることです。

お釈迦様がおっしゃっています。人間には避けることの出来ない四つの苦しみがあると。一つ目は生まれ出る苦しみ、二つ目は年老いること、三つ目は病に苦しむこと、四つめは死への恐怖の苦しみ。人間である限りこれらの苦しみは、決して逃れることの出来ない苦しみです。逃れようとすればするほど苦しみは深くなるのです。

新型うつ病の患者が増えているといわれています。多くの場合、ストレスを強く受けています。本来ストレス源は自然現象や猛獣などの生理学的ストレスでした。近頃、ストレス源は人間関係のなかに見られるようになってきました。豊かな人生を送るためにも、対人関係を改善するコツを身に付けてください。

悩みには必ず解決法があります。悩みを解決すれば、それだけあなたは成長するのです。

本書を上梓するにあたっては、多くの方にお世話になりました。本書のもとになる連載を担当していただいたライターの北村昌陽さん、日経ＢＰ社の平野亜矢さん、まとめる際に、さまざまな助言や手助けをしてくださったライターの藤井恵子さん、どうもありがとうございました。

二〇一七年一月

星一郎

星一郎 ほし いちろう

1941年東京生まれ。1984年、日本にアドラー心理学が紹介された当初からアドラー心理学の研究・啓発に携わる第一人者。これまで、アドラー理論によるカウンセリング・子育てアドバイス等で多くの人の問題と向き合ってきた。日本アドラー心理学会評議員などを歴任し、現在、子育てボランティア団体「わいわいギルド」代表。専門は個人カウンセリング、個人心理療法。

『面白くてよくわかる！アドラー心理学』『アドラー心理学で「子どものやる気」を引き出す本』ほか、アドラー心理学関係の著書多数。

困《こま》ったときは、トイレにかけこめ！

アドラーが教えるこころのクセのリセット術

二〇一七年一月三〇日初版

著者　星一郎

発行者　株式会社晶文社
〒一〇一-〇〇五一
東京都千代田区神田神保町一-一一
電話（〇三）三五一八-四九四〇（代表）・四九四二（編集）
URL http://www.shobunsha.co.jp

印刷
製本　中央精版印刷株式会社

ISBN978-4-7949-6953-8　Printed in Japan